DER FREIE FALL
Alt-Salzburger Schulgeschichten

DER FREIE FALL

Alt-Salzburger Schulgeschichten

Berichtet und nacherzählt von
Georg Kettl

Unipress-Verlag
München – **Salzburg** – Zürich

Bildnachweis:
Seite 17 und 19: Archiv Elfriede Reiter,
Seite 99: Archiv Franz Krieger.

Anmerkung:
Die Bilder ohne besonderen Nachweis
stammen aus dem Archiv der 8.b/1940
und sind über 50 Jahre alt. Die meisten Aufnahmen
wurden während der Unterrichtsstunden und mit
Fotoapparaten der damaligen Qualität gemacht.

ISBN 3-85419-019-0

© Unipress-Verlag, Salzburg 1986
Alle Rechte vorbehalten. Printed in Austria
Gestaltung: Grasedieck & Haefeli OHG, Salzburg

Inhaltsverzeichnis

Vorwort	7
Das graue Haus	11
Exkursionen aller Art	25
Schloapf und die Maikäfer	31
Ein unmöglicher Parkplatz	41
Ein verhängnisvolles Duell	47
Wasser-Geschichten	53
Immer diese Schwindeleien	65
Leidgeprüftes Mobiliar	71
Der verunglückte Leitspruch	81
Die offene Tür	85
Danke, setzen!	91

Die verfälschte Pausenglocke *103*
Der freie Fall *109*
Die Tücke des Alphabets *121*
Vom Geist *127*
Von Geistern *133*
Ein körperloser Schüler *143*
Hart im Nehmen *149*
Schusi, Kleisterschwein und andere Typen . . . *153*
Nachhilfe in Latein, einmal anders *163*
Meldestelle Papa Schwarz *167*
8.b/1940 . . . . *173*

Vorwort

Man erinnert sich gerne an die alten Zeiten, besonders dann, wenn man die Sechzig überschritten hat. Und wenn einem dabei heitere Geschichten aus der Schulzeit einfallen, dann wird die Erinnerung zu einem freudigen Erlebnis. So jedenfalls erging es mir, als ich mich daran machte, dieses Buch zu schreiben.

Nun ist es freilich nicht ganz einfach, nach einem halben Jahrhundert bei sich und bei anderen intakte und einwandfreie Erinnerungen aufzuspüren. Da gibt es bisweilen Lücken, und diese müssen geschlossen werden, damit der Zweck der Erzählung gewährleistet wird. Und der alleinige Zweck ist es, Freude zu machen bei all jenen, die diese Zeit erlebt haben, und auch bei jenen, die sie nachempfinden können. Gewiß ist es nicht zu vermeiden, daß manchem Leser die eine oder andere Unrichtigkeit in der Schilderung der Begebenheiten auffallen wird. Oder es wird beim Lesen die Erinnerung an andere heitere Geschichten wach, die sich seinerzeit zugetragen haben und die es wert sind, in einer nächsten Auflage dieses Buches aufgenommen zu werden.

Ich bedanke mich bei allen, die mir *Stoff* geliefert und mir Mut gemacht haben, *Altsalzburger Schulgeschichten* aufzuschreiben. Ihnen und allen, die in dieser herrlichen Stadt ihre Jugendzeit erlebt haben, soll dieses Buch gewidmet sein. Möge es Freude bereiten und Erinnerungen wachrufen. Dies wünsche ich mir als alter Salzburger und langjähriger Schüler im leider nicht mehr vorhandenen grauen Haus am Hanuschplatz von Herzen.

Georg Kettl

Das graue Haus

Kurzer Auszug aus der Geschichte
des alten Realschulgebäudes
am Hanuschplatz.

Um die Mitte des vorigen Jahrhunderts, als die neuen Ideen vom freien Welthandel und von technischer Entwicklung auch in Salzburg Fuß gefaßt haben, wurde der Ruf nach einer geeigneten Vorbildung für Gewerbe und Handel sowie für den Übertritt in eine technische Hochschule laut – als notwendige Alternative zum alteingesessenen humanistischen Gymnasium, das in seiner Lehrplanstruktur diesen modernen Anforderungen nicht gerecht werden konnte.

So kam es am 15. November 1861 zur Eröffnung einer dreiklassigen Unterrealschule mit 195 Schülern in den Räumen des Studiengebäudes in unmittelbarer Nachbarschaft des humanistischen Gymnasiums. Aber schon wenige Jahre später mußte die Schule zu einer sechsklassigen Oberrealschule erweitert werden. 1870 schließlich war endlich eine siebenklassige Realschule perfekt geworden. Als sich die Schülerzahl verdoppelt hatte und die Raumnot erdrückend wurde, entschloß sich die Stadtverwaltung, die Realschule in dem neu errichteten Gebäude *am Gries,* neben einer Volksschule und einer Hauptschule, unterzubringen. So geschehen im Jahr des Herrn 1873.

Die der Gründung dieses Schultyps zugeordneten Überlegungen erwiesen sich als goldrichtig, denn bereits im Jahre 1926, zur Zeit der 75-Jahr-Feier, umfaßte die Realschule 13 Klassen mit 475 Schülern.

Als schließlich die Einführung eines neuen Lehrplanes eine Erweiterung auf acht Klassen erforderte, war die Gleichstellung mit dem Gymnasium erreicht.

Der Wunsch vieler Eltern nach einem Mittelweg zwischen dem humanistischen Gymnasium und der Realschule, der in seiner Fortsetzung an der Hochschule die meisten Möglichkeiten offen läßt, wurde 1930 mit der Eröffnung der ersten zwei Klassen eines Realgymnasiums erfüllt. Dieser neue Schultyp pflegte als einzige alte Sprache Latein und förderte als Fremdsprache Englisch, zum Unterschied zur Realschule, in der Französisch gelehrt wurde. In der Folgezeit wurde der Zustrom zum Realgymnasium größer als jener zur Realschule, ein Phänomen, das bis in die heutige Zeit anhält.

Aus den kleinen Anfängen 1851 war nun eine achtklassige *Doppelanstalt* geworden, eine achtklassige Realschule und ein achtklassiges Realgymnasium. Im Jahre 1937 ging zum ersten Mal eine achte Klasse des Realgymnasiums zur Matura.

In diesem Jahr erwies sich aber auch eine Renovierung der Außenfassade des Schulgebäudes als dringend notwendig, wodurch das *Graue Haus* das bis zu seinem Abriß verbleibende und in der Erinnerung vieler Absolventen noch lebendige Gesicht bekam.

Die Eingliederung Österreichs in das deutsche Reich erbrachte auch für die Schule am Gries eine tiefgreifende Änderung. Aus der ursprünglichen Realschule und dem B-Klassenzug des Realgymnasiums wurde eine staatliche Oberschule für Jungen mit reichseinheitlichem Lehrplan. Da aber die höheren Klassen natürlich bis zum Abschluß im wesentlichen nach dem bisherigen Realschul- bzw. Realgymnasial-Lehrplan unterrichtet werden mußten, entstand eine gewisse Uneinheitlichkeit, die sich neben einem spürbaren Gegensatz zwischen Jugendorganisation und Schulbetrieb zum Nachteil einer kontinuierlichen schulischen Ausbildung bemerkbar machte. Als dann der schicksalsschwere Herbst des Jahres 1939 den Beginn eines neuen Schuljahres überschattete, war es nur noch mit größten Schwierigkeiten möglich, einen normalen Schulbetrieb aufrecht zu erhalten. Schüler der obersten Klassen wurden zum Arbeitsdienst eingezogen oder meldeten sich freiwillig für die Offizierslaufbahn. Sie legten eine vorzeitige Kriegsmatura ab. Andere erhielten aufgrund des Einberufungsbefehls zur Wehrmacht ein Abgangszeugnis mit Maturaklausel. Natürlich kamen, infolge beruflicher Versetzung ihrer Eltern, auch Schüler aus Deutschland an die Salzburger Schule. In diesem Zusammenhang sei erwähnt, daß der bekannte Schauspieler und Regisseur Bernhard Wicki kurze Zeit Schüler der Oberschule für Jungen in Salzburg gewesen ist.

Von den Auswirkungen der Kriegsjahre wurde auch das Schulleben immer mehr betroffen. Da die meisten Lehrer eingerückt waren, mußten manche Klassen fast ausschließlich von weiblichen Lehrkräften unterrichtet werden. Sandkisten, Feuerpatschen und Kübel mit Wasserspritzen standen in den Gangecken, wobei sich ungeahnte Unfugmöglichkeiten eröffneten. Der Luftschutz erforderte auch während der Nacht Schüler und Lehrer als Feuerwachen im Schulgebäude. Vorerst wurden Fliegeralarme nicht so ernst genommen, aber nach den ersten Bombenabwürfen wanderten beim Sirenenalarm Lehrer und Schüler eilends in die Stolleneingänge im Neutor. Die Schüler der oberen Klassen standen damals schon als Flak-Helfer bei den Fliegerabwehrbatterien rings um die Stadt. Sie wohnten in Baracken, und die Lehrer fuhren zu diesen *Flak-Klassen* hinaus, nach Itzling, nach Morzg, nach

Die „Oberrealschule" 1926 . . .

. . . die renovierte Schule, jetzt Bundes-Realschule und -Realgymnasium, vor dem 13. März 1938

„Da plagt man sich, und das ist der Erfolg?"
(„Wasser-Geschichten", Seite 53)

Maxglan und zum Flugplatz, um ihnen dort Unterricht zu erteilen.

Nach dem Krieg waren im Schulgebäude Büros der amerikanischen Besatzungsmacht, Ämter und Flüchtlingslager untergebracht, und erst am 7. November 1945 war das Gebäude soweit verfügbar, daß für die Oberstufe ein verkürzter Unterricht möglich war. Am 14. Jänner 1946 konnte schließlich für alle Klassen ein regulärer Unterricht beginnen.

Die enorme Bevölkerungszunahme der Stadt Salzburg in der Nachkriegszeit wirkte sich auch auf die Schule aus. Als im Herbst 1950 ganze 27 Klassen mit 734 Schülern unterzubringen waren, wurde die Raumnot so drückend, daß für mehrere Klassen Nachmittagsunterricht eingeführt werden mußte. Außerdem wurden zwei Klassen im Studiengebäude am Universitätsplatz untergebracht, sodaß Professoren und Schüler Unterrichtsmaterial wie Landkarten, Wandbilder und andere Demonstrationsobjekte von Haus zu Haus, also durch die Getreidegasse und durch die Durchhäuser zum Universitätsplatz zu tragen hatten. Aber trotz dieser Mühen und Strapazen blieb immer noch ein Ansporn für Witz und Schalk erhalten. So ist überliefert, daß für den Biologie-Unterricht das bekannte Skelett, bekleidet mit dem weißen Arbeitsmantel des Professors, zum Schrecken der Passanten durch die Getreidegasse getragen wurde.

Die unmittelbaren Kriegsfolgen wie auch die ungeordneten Verhältnisse der Nachkriegszeit waren längst einem regelmäßigen und ruhigen Unterrichtsbetrieb gewichen, als im Sommer 1951 die Schule ihren hundertjährigen Bestand feiern konnte. Im Großen Saal des Mozarteums fand ein Festakt statt, an dem Schulchöre und ein Schulorchester mitwirkten, im Geometrie-Zeichensaal wurde eine Ausstellung von Schülerarbeiten eröffnet, und man brachte eine Festschrift heraus. Schüler der oberen Klassen führten zu diesem Anlaß Goethes *Götz von Berlichingen* (!) auf der Richterhöhe auf.

In den hundert Jahren des Bestandes dieser Schule hat sich die Schülerzahl, bei 32 Klassen, auf 1076 erhöht. Auch der Lehrkörper hatte sich mehr als verdoppelt. Exposituren in St. Johann und Hallein mußten eingerichtet werden. Schließlich führte das weitere Anwachsen der Stadtbevölkerung und der starke Zustrom zu den Mittelschulen zu einer Trennung der beiden Schultypen. Die Realschule verblieb im alten Gebäude am Hanuschplatz, während das Realgymnasium 1955 in die für einen Schulbetrieb notdürftig adaptierte ehemalige Lehener-Kaserne übersiedelte. Damit erfolgte aber auch eine Umbenennung der Schulen. Aus der Realschule wurde ein Realgymnasium mit unterschiedlichen Lehrplänen, aus dem Realgymnasium ein

Gymnasium, das ebenfalls in verschiedene Typen unterteilt wurde.

So war der Lauf der Zeit! Alles hatte sich in einer bewegten Zeit sehr gewandelt. Als schließlich im Jahre 1970 das alte *Graue Haus* abgerissen wurde, weil sich aus verkehrstechnischen Gründen ein Schulbetrieb im Stadtzentrum nicht mehr durchführen ließ, erlosch die Geschichte dieser ehrwürdigen Bildungsanstalt, die für viele Generationen eine Fülle von Erinnerungen geboten hat und gewiß auch heute noch bietet.

*Exkursionen
aller Art*

25

Es ist überall so und war auch in Salzburg nicht anders: Der Schulbetrieb außerhalb des Schulgebäudes war höchst willkommen und bot immer Anlaß und Gelegenheit zu freudvollem Genuß unbeschwerter Jugendzeit. Man war in der frischen Luft, man mußte nicht in engen Bänken sitzen, man war in flotter Bewegung, und es gab keine Glocke, die das Ende einer solchen Exkursion hätte anzeigen können. Und das war gut so, denn dadurch konnte man derartige *Lehr*-Ausflüge herrlich ausdehnen und für allerhand gar nicht *lehr*-reiche Beschäftigungen nützen.

Die Turnstunde am Dienstag von 12.00 bis 13.00 wurde im großen Zwerglgarten abgehalten. Man spielte Schlagball. Ein Spiel, das viel Geschicklichkeit erforderte und heute leider ganz in Vergessenheit geraten ist. Der Tennisball wurde von einem Spieler abgeschlagen, während die anderen ihren Standort wechseln mußten. Und da konnte es schon passieren, daß der Ball weit über die natürliche Begrenzung hinausflog, worauf der Ruf *Ballverlust* ertönte. Darauf haben schon alle gewartet, denn nun setzte ein eifriges Suchen nach dem Ball ein, das sich dann außerhalb des Zwerglgartens fortsetzte und nie endete. Der arme alleingelassene Turnprofessor — Schurli war sein Name — mußte schließlich tief betrübt den Platz verlassen und den Heimweg antreten, während die Ballspieler sich im nächsten Kaffeehaus vergnügten oder sich an den Uferhängen der Salzach dem Genuß verpönter Literatur hingaben.

Ähnliches geschah bei den botanischen Exkursionen auf den Mönchsberg. Freilich mußten immer ein paar Schüler ganz in der Nähe des Herrn Professor bleiben und ihn mit interessanten Fragen, gewisse Pflanzen betreffend, auf didaktischem Trab halten, während sich die Mehrheit zufrieden entfernen konnte, um auf der Gigerwiese fröhliche Kämpfe auszutragen oder den Schloßbesitzer nahe der Baschkoff-Wiese zu ärgern.

Es gab aber auch Wintersportwochen. Wir hatten ja eine Schihütte, eine Errungenschaft, um die uns andere Schulen ausgiebig beneideten. Zwar gab es damals noch keine Schilifte oder gar präparierte Pisten. Wir mußten Schier und Gepäck persönlich auf die Alm hinaufschleppen und durften die Hänge selbst festtreten. Aber wir waren glücklich und begeistert, und, gemessen am heutigen Komfort, äußerst genügsam. Das Haus bot Schlaf- und Kochgelegenheit; Wasser zum Waschen und Kochen lieferte uns die Quelle direkt neben dem Haus in genügender Menge. Man mußte zwar zunächst das Eis wegschlagen, jedoch bereitete uns auch dies viel Vergnügen. Der tägliche Speisenplan war recht spartanisch, die Bedürfnisse der Schüler waren auch gar nicht so sehr aufs Essen, sondern viel mehr auf den Sport und das Hüttenvergnügen ausgerichtet. Suppen, Würstel und viel Tee waren die häufigsten Gerichte, schon allein wegen der einfachen Zubereitung. Und doch passierte da einmal ein böses Mißgeschick:

Es begab sich einmal, daß der an diesem Tag mit dem Küchendienst beauftragte Schüler, während die anderen munter Schisport betrieben, Würstel kochen mußte, auf die sich dann die müden und hungrigen Mitschüler gierig stürzen würden. Soweit wäre das ja ganz in Ordnung, aber dem unglücklichen Koch passierte ein verhängnisvolles Mißgeschick. Er hatte die Würstel im Teekessel ziehen lassen, in dem sich der schon am Morgen zubereitete und stark gesüßte Tee befand. Frankfurter Würstel mit Senf schmecken köstlich, aber im süßen Tee gekocht und noch dazu aufgesprungen, sind sie nur äußerst mühsam genießbar. Der Zorn der Schifahrer war verständlich. Nur das Eingreifen der begleitenden Professoren konnte den Vollzug einer *Lynchjustiz* verhindern.

Wenn es keine von *oben* angeordneten Exkursionen gab, dann verhalf man sich eben zu solchen. In der Linzer Gasse befand sich damals eine nette kleine Konditorei, das Café Posch. Dort traf man sich gerne mit zarten Mädchen, es gab manchmal auch Tanz, oder man spielte unter Kollegen einen Bauernschnapser. In der matura-schwangeren Zeit — gemeint sind die Wochen vor der *Schriftlichen* — konnte es vorkommen, daß einige Schüler zur gegebenen Zeit — beliebt war vor allem die Deutschstunde — unter einem bestimmten Vorwand (!) das Klassenzimmer verließen, um sich in jenes Café Posch zu begeben, wo bereits einige Mädchen vom *Lyzeum* warteten. Ja und da wurde dann nicht etwa gequatscht oder sonst irgendein Blödsinn getrieben, nein, es wurde *gestrebert,* das heißt, man übte schwierige Mathematikaufgaben und löste komplizierte Gleichungen mit mehreren Unbekannten.

Einmal erschien dort völlig unerwartet unser junger Mathematikprofessor — ich weiß nicht, woher er von unserem wissenschaftlichen Rendezvous Wind bekommen hatte, und er half uns selbstlos bei den Arbeiten und fragte nicht, weshalb wir hier seien und nicht in der Schule. Donnerwetter, war das ein Mann! Wir dankten ihm diese gute Tat auch nicht mit irdischen Gütern, sondern mit jenen Gaben, die Schülern eigen sind, mit Achtung und Freundschaft.

Schloapf und die Maikäfer

Es ist schon ein besonderes Pech, wenn man Mittelschulprofessor ist, Altschul heißt und ein grimmiges Aussehen hat. Wen wundert's, daß aus dem Namen ein *Altschuh* und, dem Salzburger Dialekt getreu, ein *Schloapf* wurde. Dieser Schloapf also ist Gegenstand, oder besser gesagt, Person des folgenden Berichtes. Seine Fähigkeiten als Chemiker seien unbestritten, die Qualität seines Vortrages litt wohl unter der dumpfen Trockenheit des Unterrichtsgegenstandes. Dazu kam noch die Innenraumgestaltung des Chemiesaales, der typische Hörsaalcharakter, der schon der schiefen Ebene wegen allerlei Gelegenheiten zu heiteren Spielchen bot.

Schloapf war eifriger Virginia-Raucher. Na, irgendeine Freude muß der Mensch ja haben. So betrat er den Unterrichtsraum eben meist mit einer brennenden Virginia im Mund oder in der Hand. Es war wohl keine Zeit geblieben, dieselbe im nebenanliegenden Kabinett auszumachen, dies sei zu seiner Entschuldigung gesagt. Die Schüler störte das aber überhaupt nicht, im Gegenteil. Eifrig wurden die abgelegten halbgerauchten Stummel gesammelt, wohl verwahrt, und am Ende des Schuljahres gebündelt und exakt verpackt dem Schloapf zu dessen gemischter Freude übergeben.

Solches und andere *Freundlichkeiten* geschahen in schöner Regelmäßigkeit und wurden von ihm mit strafenden Blicken und harten Worten, wie *ihr Lausbuben, ihr,* quittiert.

Ich erinnere mich gerne an eine Begegnung mit dem Schloapf, lange nach der Schulzeit und außerhalb des Schulgebäudes. Als ich ihn freudig begrüßte und höflich meinte, ob er mich noch kenne, erhielt ich zur Antwort: „Ja, freilich, Sie sind der Kettl, der Lausbub!" Ich war eigentlich froh über diese wohltuende Erinnerung an längst verflossene Jugendjahre.

Damals gab es auch noch Maikäfer. Und gleich neben der Schule am Kai in den Kastanienbäumen tummelten sie sich zuhauf. Sie waren leicht zu fangen, wurden in Schachteln verpackt und in der Chemiestunde ausgelassen. Hei, wie flogen sie da fröhlich um den langen Versuchstisch herum, plumpsten heiter in Reagenzgläser, umschwärmten die Kugellampen und landeten mehr oder minder behend auf der schweren Tafel. Manche aber wollten nicht abfliegen. Man mußte ihnen mit sanfter Gewalt zur Freiheit verhelfen − und dazu gab es einen tollen

Trick. Der flugmüde Maikäfer wurde auf den dünnen eisernen Tintendeckel gesetzt, der von unten mittels eines Streichholzes oder Feuerzeuges angewärmt wurde. Hurtig flog dann unser Käferlein von dannen. Weniger groß war die Freude des Schloapf ob dieser ungebetenen und absolut störenden Fluggäste. Wir wurden wieder mit Schimpfworten belegt, von denen einmal eines sogar Anlaß zu grimmigen Beschwerden seitens der großbürgerlichen Eltern wurde. Schloapf verstieg sich zu dem absolut gesellschaftskritischen Ausruf: „Ihr Proletarierkinder!" Und das war zuviel — nicht für uns, wohl aber für die *Proletarier,* deren Kinder wir waren.

Gefürchtet war Schloapfens Schlüsselbund. Ohne denselben war er nie anzutreffen, denn er brauchte ihn nicht nur zum Öffnen und Schließen unzähliger Schlösser, sondern mit Vorliebe für drohende Gebärden in Richtung unruhestiftender *Lausbuben.* Nicht selten rutschte ihm der gutbestückte Schlüsselbund ganz ungewollt (?) aus der Hand und flog einem Schüler an den Kopf. Dennoch: Keinem ist deswegen ein Leid geschehen, und der Schloapf wurde im ehrwürdigen Gebäude am Fischmarkt, heute Hanuschplatz, zu einem geliebten Original, von denen es nicht sehr viele gab. Und Originale haben die Eigenschaft, daß sie als *Denkmäler* in Erinnerung bleiben. Recht so!

*Charly „Teacher" war nicht so streng, wie er hier aussieht
(„Immer diese Schwindeleien", Seite 65)*

Hui, der Sefi!
(„Leidgeprüftes Mobiliar", Seite 71)

Ein unmöglicher Parkplatz

In dieser lustigen Begebenheit spielt ein Auto eine wesentliche Rolle. Daher fand diese Geschichte in jüngerer Zeit statt, denn damals, in der alten Salzburger Zeit, aus der die Schulgeschichten stammen, waren Autos noch eine Seltenheit, besonders, wenn es sich um die mobilen Untersätze von Professoren handelte. In den dreißiger Jahren fuhren diese Herren mit Fahrrädern in die Schule, wenn sie nicht überhaupt zu Fuß gingen, oder, sofern genügend Zeit vorhanden war, die *Gelbe Elektrische* benützten.

Aber so um den Anfang der sechziger Jahre herum begab es sich, daß ein überaus würdiger und außerordentlich gelehrter Professor, ein versierter Germanist, mit seinem kleinen Auto zur Schule fuhr und dieses im Hofe des Gymnasiums, das sich nunmehr im adaptierten Gebäude der ehemaligen Lehener Kaserne befand, parkte. Es handelte sich, wie schon gesagt, um ein kleines Auto, einen Zweizylinder-Citroën, 2 CV genannt, oder unter dem Namen *Das häßliche Entlein* bekannt.

Nun verkündete eine Tafel, daß das Parken von Kraftfahrzeugen im Hofe des Gymnasiums, der ja hauptsächlich als Spiel- und Sportplatz der körperlichen Ertüchtigung der gestreßten Jugend dienen sollte, verboten sei. Dies hinderte den betreffenden Professor keineswegs, dennoch sein Fahrzeug im Hofe zu parken, weil er wohl Böswilligkeiten arglistiger Schüler, begangen an seinem behüteten Auto, tunlichst verhindern wollte. Diese gewiß lautere Absicht gelangte aber auf unergründlichen Wegen zur Kenntnis der Schüler einer Klasse, in der besagter Germanist zu unterrichten pflegte. War es nun die darin verborgene Unterstellung unguter Absichten oder die Mißmut erregende Beobachtung des verbotenen Parkens, kurzum, jene beschlossen, dem Professor eine Rüge zu erteilen und sich damit gleichzeitig auch verschiedener Anlässe wegen gebührend zu rächen.

Während einer Feierstunde, in der alle Schüler und der gesamte Lehrkörper im Turnsaal versammelt waren, das Schulgebäude also öde und verlassen war, verschwanden einige kräftige Burschen ganz unauffällig, begaben sich zu dem im Hof falsch parkenden Auto des geliebten Professors, hoben dieses an und schleppten es behutsam über die Stufen zum Hofportal des Schulgebäudes hinauf, um es dort abzustellen. Da sich an dieser Stelle kein Hinweis befand, daß Parken hier verboten sei, hielten die tapferen Recken es für angebracht, das Fahrzeug eben da zu *parken*.

Ach, wie groß war die Schadenfreude der Kollegen des Autobesitzers, als diese, von der Veranstaltung zurückgekehrt, das ortsfremd geparkte Auto erblickten. Viel weniger erfreut allerdings zeigte sich der Fahrzeughalter, der von dieser Missetat arg getroffen war. Ich weiß nicht, wie das Auto über die Stiege hinunter auf die Straße befördert wurde. Es ist nur bekannt, daß der 2 CV später sehr wohl wieder auf den Straßen Salzburgs zu sehen war und er von da an nie mehr im Hofe des Gymnasiums geparkt wurde.

Ein verhängnisvolles Duell

Wer von den Glücklichen, die nach vielen Jahren immer noch ein ungetrübtes Verhältnis zu ihrer Schulzeit haben, erinnert sich nicht gern an jene Unterrichtsstunden, wo von Königen und Rittern, von Musketieren und Burgfräulein die Rede war, wo von Turnieren mit bewehrten Rössern und langen Schwertern berichtet wurde. Da freute sich doch so ein Jungenherz, wenn es um ehrliche und mutige Austragungen von Feindschaften ging, welche von den Herrschern meist unter sich ausgetragen wurden, ohne das Volk in Kriege zu stürzen. Ich denke unter anderem an die Schilderung des Zweikampfes zwischen Rudolf von Habsburg und König Ottokar von Böhmen, den uns Franz Grillparzer so anschaulich beschrieben hatte. War es daher ein Wunder, wenn Mittelschüler, von solcherart lebendigem Unterricht angestachelt, einen Drang zur praktischen Darstellung derartiger geschichtlicher Ereignisse verspürten.

Nun gab es im großen Zeichensaal lange Lineale,

Reißschienen genannt, mit denen man an der großen Tafel die für die Darstellung geometrischer Zeichnungen notwendigen Parallelverschiebungen durchführte. Das waren etwa zwei Meter lange Holzschienen, an deren einen Ende sich eine Querleiste befand. Allein schon der Anblick dieser Geräte ergab sofort die Gedankenverbindung mit jenen langen Schwertern, die bei Ritterturnieren im Mittelalter verwendet wurden. Nun blieb es aber nicht beim bloßen Anblick. Es fanden sich auch zwei tapfere Recken, die sich je eine Reißschiene mit der Querleiste unter die Achsel klemmten und mit dem langen, elastischen Lineal aufeinander losgingen wie weiland die Helden der Nibelungen und die Reiterscharen Otto des Ersten in der Schlacht auf dem Lechfeld. Was hier geschah, war praktischer Geschichtsunterricht.

Hier begnügte man sich nicht mit blasser Theorie, hier wurde Geschichte im wahrsten Sinne des Wortes nachvollzogen. Es ließ sich herrlich fechten und stoßen mit diesen langen Holzschienen, die sich bogen und stemmten, die pfeifend sausten und schallend klatschten. Und die anderen standen rund um die Kämpfenden herum, feuerten diese an und traten an die Stelle der Besiegten, um das Turnier fortzuführen, genau so, wie es damals üblich war und zu den ehrenhaften Pflichten der Geharnischten gehörte.

In einem aber konnten sich die Recken des 20. Jahrhunderts nicht mit den Streitern der höfischen Zeit messen. Damals standen für solche Turniere mehrere Tage, ja Wochen zur Verfügung, die tapferen Kämpfer in der Oberrealschule konnten aber nur die große Pause nützen. Das Turnier mußte also schneller und wuchtiger ausgetragen werden. Und als sich wieder einmal eine der langen Holzlatten beim Aufprall auf den Körper des Gegners bog und weiter bog, passierte es. Mit einem lauten Krach zerbrach das mißbrauchte Zeichengerät. Gerade in diesem Moment betrat der Professor für darstellende Geometrie, ein Hüne von Gestalt, in dem kraftvolles Kärntnerblut floß, das bei solchen Anlässen schäumte, den Saal. Blitzartig erfaßte er das ruchlose Verbrechen, begangen von verantwortungslosen Pennälern an wehrlosem staatseigenen Gerät.

Ingrimm und Wut entluden sich nun auf die ganze Klasse, der stattliche Schlüsselbund flog wieder einmal um die Köpfe der zerknirschten Oberrealschüler. Und wieder galt es, dem Flug der stählernen Geschosse geschickt auszuweichen.

Später gab es noch einmal einen praktischen Geschichtsunterricht, aber ohne Ritter und ohne Turniere, an deren Stelle traten aber furchtbare Schlachten mit grausamen Waffen und tödlichen Geschossen.

*Wasser-
Geschichten*

Keinesfalls kann und will ich mich mit dem Geheimrat von Goethe messen, wenn ich versuche, eine Beziehung der Seelen von Schülern zum Wasser zu beschwören. Wasser gab's immer und überall; in manchen Klassenzimmern, auf den Gängen und natürlich in den Toiletten. Und das Wasser regte an zum Spielen, nicht nur zum Spülen. Man konnte alle Arten von Unfug damit treiben, und von solchen will ich hier erzählen:

Es gab seinerzeit an der alten Oberrealschule, dem späteren Realgymnasium, einen überaus gescheiten Professor für Mathematik und darstellende Geometrie, mit Namen Kullnig. Da er alles, was zu unterzeichnen war, mit Kg. signierte, erhielt er kurz und bündig den Namen *Kg*.

Bekannt wurde er mit seinem stereotypen Satz: „Was macht der darstellende Geometer, wenn er nicht weiß, was er machen soll? Er macht einen Seitenriß!" Und dann pflegte er des öfteren recht gründlich seine Nase zu reinigen, wobei er gerne bemerkte: „Da plagt man sich, da plagt man sich . . ."

Wie alle Mathematiker war er sehr gründlich und pedant und konnte es nicht ausstehen, wenn im Zeichensaal der Wasserhahn tropfte. Dieses Tropfen verursachte aber ein allbekanntes Geräusch, welches *Kg* eben sehr nervös machte, weshalb er schließlich die Montage einer neuen Dichtung verfügte. Es kam auch ein Monteur, der den Schaden behob, und unser *Kg* meinte, daß nun das Übel endgültig beseitigt wäre.

Doch hier irrte er. Denn inzwischen hatten ein paar musikalische Schüler herausgefunden, daß ein langer Bleistift, zwischen Daumen und Finger gespannt, das gleiche Geräusch verursacht wie ein tropfender Wasserhahn, wenn er auf die Kante der Schulbank leicht angeklopft wird. Heissa, und los ging's in der nächsten Geometriestunde. Hurtig klopften die Kameraden, und emsig schritt unser *Kg* zum Wasserhahn, drehte und schraubte ärgerlich, denn das Tropfgeräusch wollte einfach kein Ende nehmen. Zu unserem Vergnügen dauerte es eine geraume Weile, bis er den Schwindel bemerkte. Er lächelte, ja wirklich, er schimpfte gar nicht einmal. So war unser *Kg!*

Später wurde er Direktor der Schule und hatte in einer schweren Zeit viel zu leiden und wohl kaum mehr viel Gelegenheit zum Lächeln.

Der Rathausbogen anno dazumal
("Danke, setzen", Seite 91)

Isi in Aktion
("Die verfälschte Pausenglocke", Seite 103)

Komplizierte Montage der selbsterwählten Pausenglocke („Die verfälschte Pausenglocke", Seite 103)

Im September 1939 begann das erste Kriegs-Schuljahr. Weitere schlimme Jahre folgten und bereiteten jeder Freude am Schulbetrieb ein jähes Ende. Aber noch war es nicht soweit, noch machten sich die Schrecken des Krieges nicht bemerkbar. Aber etwas anderes fiel auf. In den Gängen waren bis zum Rand gefüllte Wassereimer, Pumpen mit Schläuchen daran und sogenannte Feuerpatschen aufgestellt worden. Eine Maßnahme des Luftschutzes. Gleichzeitig erging an alle Schüler der dringende Appell, diese Gegenstände gefälligst in Ruhe zu lassen, der Mißbrauch würde streng bestraft werden. Eine vom Klassenvorstand verkündete nähere Erläuterung besagte, daß das Herumspritzen auf den Gängen untersagt sei. Klar, aber schade, denn es böten sich doch so schöne Gelegenheiten dazu an. Doch halt! Es war ja nur von den Gängen unserer Schule die Rede. Aber es gab doch noch andere Gänge!

An unser Schulgebäude schloß direkt die Mädchenhauptschule in der Griesgasse an, die sogenannte *Griesschule*. Die Gänge unseres Gebäudes setzten sich in der angrenzenden Schule fort und waren nur durch eine Holzverkleidung abgetrennt. In dieser aber befand sich im zweiten Stock, etwa 30 cm vom Boden entfernt, ein Astloch, durch welches man hindurchschauen und in den Pausen die Beine der zahlreichen auf den Gängen promenierenden

Mädchen betrachten konnte. Eine Tätigkeit, die bald an Reiz verlor, weil das Interesse an Mädchenbeinen im allgemeinen erst viel später einzusetzen pflegt. Dieses Astloch eröffnete aber nunmehr ganz andere neue Möglichkeiten; es ließ sich dort ein Schlauch ansetzen, und so konnte man, kräftig Wasser aus dem Eimer pumpend, genußvoll hinüberspritzen. Ein ohrenbetäubendes, schrilles Geschrei von drüben spornte uns zu vermehrtem Eifer im Nachfüllen der Wassereimer an, worauf alsbald drüben und leider auch herüben eine beachtliche Wasserlache entstanden war. Wir versuchten mit vereinten Kräften, unter Verwendung der Feuerpatschen, die Spuren unserer frevelhaften Tätigkeit zu beseitigen. Mitten in dieser Arbeit wurden wir vom herbeigeholten Klassenvorstand gestört, der via Telefon von *drüben* von dieser Angelegenheit Wind bekommen hatte. Was dann folgte, ist mir in schmerzlicher Erinnerung geblieben. Das Delikt bestand ja nicht nur im herkömmlichen Schülerunfug, es kam noch der Mißbrauch von Luftschutzgeräten hinzu, eine recht unangenehme Sache, die in den Amtsbereich der dafür zuständigen Behörde fiel. Schließlich gelang es uns aber doch, perfekt solidarisiert, größeres Übel abzuwenden, sodaß die Strafen erträglich blieben.

Meines Wissens war dies der letzte Streich, den wir spielen konnten. Übers Jahr standen die meisten von uns schon an den Kriegsschauplätzen und haben wehmütig an diese harmlosen Streiche gedacht, deren Folgen von manchen so bitter ernst genommen wurden.

Immer diese Schwindeleien!

Es gehört zum Schulalltag, damals wie heute, daß geschwindelt wird, bei Prüfungen und natürlich auch bei Schularbeiten. Trotz eifrigen Bemühens des Lehrkörpers und der Schulbehörde, derartige *Hilfen* zu verhindern, finden oder erfinden Generationen von Schülern immer wieder neue und modernere Methoden des Schwindelns. Man arbeitet heute, wie mir bekannt ist, bereits mit elektronischen Geräten, mit Funk und Tonband, und wird morgen noch modernere Methoden entwickeln. Es soll mir bitte kein Professor sagen, daß er in seiner Schulzeit nicht auch dann und wann geschwindelt habe. Die Vorbereitung und Durchführung solcher Hilfsmaßnahmen und das damit verbundene kreislauffördernde Angstgefühl, erwischt zu werden, waren seit jeher hochinteressant und erzeugten in der Folge die angenehme Empfindung einer wohltuenden Selbstbestätigung.

Nun war es gar nicht so einfach, Schwindelzettel oder ähnliches vorzubereiten und entsprechend günstig unterzubringen. Ich weiß von einem Mitschüler, der vor einer Lateinschularbeit Übersetzungstexte von fünf in Frage kommenden römischen Dichtern und Schriftstellern in seine Rock- und Hosentaschen verteilte. Er mußte sich verdammt genau einprägen, wo der Cäsar, wo der Sallust und wo der Vergil schnell zu finden sei. Ja, es gehört Intelligenz und System dazu, wenn man mit Erfolg schwindeln will. Es kann aber auch vorkommen, daß der Professor dabei selbst hilft, natürlich gänzlich ungewollt. Und das ging folgendermaßen:

Wir hatten Englisch-Schularbeit. Unser Teacher verlangte die Niederschrift eines Diktates und eine schwierige Übersetzung. Um sich vom Fortgang der Arbeiten zu überzeugen, und gewiß auch um ein Abschreiben zu verhindern, schritt er langsam die Bankreihen entlang, blickte bei diesem oder jenem, einige Zeit verweilend, in dessen Arbeitsheft. Er kam auf diese Art während der Arbeitsstunde mehrmals bei jeder Schulbank vorbei. In der rechten Seite ganz hinten saß unser Primus. Er war ein Pfundskerl, kein Streber, Gott bewahre, sondern ein immer hilfsbereiter Schulkamerad. Natürlich war er als erster mit der Schularbeit fertig. Da er noch Zeit hatte, kopierte er die Übersetzung auf ein Blatt Papier, faltete dieses zusammen und steckte es bei nächster Gelegenheit, als der Teacher wieder einmal bei seiner Bank vorbeigegangen war, hinten in den Gürtel seines Arbeitsmantels, den unser Teacher immer trug. Da der Mantel infolge gänzlichen Fehlens der Knöpfe immer offen getragen wurde, hing dieser Gürtel, auch Dragoner genannt, immer lose herab, sodaß man ohne Schwierigkeiten einen gefalteten Papierbogen hineinhängen konnte. Der Teacher trug also den Schwindelzettel auf diese Weise von Bank zu Bank, und wer ihn brauchte, nahm ihn heraus, um ihn nach getaner Arbeit bei nächster Gelegenheit wieder einzuhängen.

Bei der Maturafeier, an der unser Teacher natürlich teilgenommen hatte, erzählten wir ihm von dieser Untat. Er war nicht sehr erfreut darüber, was auch verständlich ist. Und als er merkte, daß wir uns ob dieses gröblichen Mißbrauches seiner Person bzw. seines Arbeitsmantels schuldig fühlten, verzieh er uns und feierte mit uns weiter bis spät in die Nacht hinein. Professor Müller, das war sein richtiger Name, gehörte zu jenen Lehrern, die wir nie vergessen können und immer in guter Erinnerung behalten. Er hatte es nicht leicht bei uns, aber er hat uns immer gemocht. Wir ihn auch!

Leidgeprüftes Mobiliar

Die Pausen zwischen den Unterrichtsstunden haben der Erholung zu dienen! So war es in der Schulordnung zu lesen. Die Art und Weise der Erholung allerdings blieb den Schülern überlassen. Wir wurden zwar dazu angehalten, in den Gängen zu promenieren, sittsam unser mitgebrachtes Jausenbrot zu verzehren oder uns in Gesprächen untereinander mit dem eben erst servierten Lehrstoff zu befassen. Und damit alles in rechten Bahnen blieb, waren jeweils zwei Schüler der oberen Klassen als Gangordner eingesetzt. Das hörte sich recht schön an, nur in der Praxis verlief das nicht so reibungslos.

Wozu sind eigentlich die schönen langen Gänge da, wenn nicht zum Fangenspielen und Umhersausen, schließlich dürstet die Jugend nach Bewegung. Die Wasserhähne verlocken zu Spritzübungen. Irgendwelche zerknüllte Papiersäcke wurden zu Fußbällen umfunktioniert, und schon war das schönste Match im Gange. Wehe aber, wenn man einen der Herrn Gangordner touchierte oder sonst auf irgendeine Art belästigte, da sausten die Watschen nur so, und in die überlauten Ordnungsrufe der Gangaufsicht mischte sich das Schmerzgebrüll der geohrfeigten Schüler. Nun gab es aber auch Ausnahmen unter den gestrengen Gangordnern. Solche, die nicht hinschauten, wenn es irgendwo heftig zuging, die auswichen, wenn sie beim Fußballspielen im Wege waren. Diese haben sich offensichtlich an ihre eigenen Streiche erinnert und hatten deswegen unsere Anerkennung. Sie waren uns Vorbilder für spätere Jahre, wo wir selber diesen üblen Dienst ausüben mußten.

Am liebsten blieben wir in den Pausen in den Klassenzimmern. Da gab es immer eine große *Hetz*. Entnervende Klassenschlachten mit Schwamm, Kreidestücken und Tafelfetzen tobten zwischen den Bänken, die entgegen ihrer sonstigen Bestimmung, als Objekte zur Deckung dienen mußten. Daß bei solchen Gelegenheiten auch manchmal eine Bank zusammenkrachte, ist wohl verständlich, noch dazu, da es sich meist um schon recht altehrwürdige Schulbänke handelte, die übersät waren von allerlei Gebrauchsspuren früherer Generationen.

Zu unserem großen Entsetzen aber ging einmal der einzige Sessel im Klassenzimmer, jener beim Katheder, zu Bruch. Er fiel unmittelbar vor der Geschichtsstunde, die unser gestrenger Klassenvorstand, Herr Professor Seefeldner, genannt Sefi, hielt, in sich zusammen. Was ist zu tun? Wenn der Sefi sich draufsetzt und zu Boden geht! Na, ein halber Weltuntergang stünde uns bevor.

So gut es ging, stellten wir den Sessel wieder auf die Beine, fügten die einzelnen Bestandteile sorgfältig ineinander und rückten ihn behutsam vor dem Katheder zurecht, sodaß man nichts merken konnte von dem erbärmlichen Zustand dieses Möbelstückes. Dann warteten wir mit beklommenen Herzen auf das Eintreten des Professors. Und es geschah ein Wunder. Sefi setzte sich nicht nieder, sondern begann sofort stehend seinen interessanten Vortrag, und erst am Schluß der Stunde tat er das, was er sonst gewohnheitsmäßig immer schon am Anfang tat, er ging zum Katheder, schlug das Klassenbuch auf, um die üblichen Eintragungen zu machen und − und − setzte sich zu diesem Behufe nieder. Uns stockte der Atem. Und es geschah noch ein Wunder! Der Sessel hielt die Last des Professors aus, Sefi ging nicht zu Boden. Gott sei Dank! Als er aber dann schwungvoll aufstand, so, wie es seine Art war, da brach der Sessel mit hörbarem Krachen zusammen. Erlöst atmeten wir auf. Sefi bemerkte etwas über die alte und unbrauchbar gewordene Einrichtung der Klassenzimmer und ordnete die umgehende Besorgung eines anderen intakten Sessels an. Mit großem Hallo und deutlich zur Schau getragener Befriedigung trugen wir die Trümmer des Sessels in den Vorraum des Konferenzzimmers und luden sie dort lautstark ab, mit hämischen Bemerkungen über so ein Gfrast, das nicht einmal einen Professor aushalten könne.

Da fällt mir noch eine Geschichte ein, bei der ein Möbelstück eine Rolle spielte.

Wir hatten einmal in unserer Klasse einen Mitschüler, der mit einer winzigen Säge, kaum größer als ein Zeigefinger, in emsiger und außerordentlich behutsamer Arbeit die Bank, in der er saß, in der Mitte auseinandersägte. Er brauchte wohl ein Jahr dazu – länger hielt es ihn auch nicht in der Klasse –, bis die Bank würdevoll in zwei Hälften auseinanderfiel. Ich erinnere mich noch, wie er, sorgfältig übermäßigen Lärm vermeidend, bei bestimmten Gelegenheiten, die sich im Laufe der Unterrichtsstunden manchmal geboten haben, mit großer Geschwindigkeit die kleine Säge hin und her sausen ließ, ohne jemals damit aufzufallen. Fürwahr, eine beachtliche Leistung, die rundum Anerkennung fand.

Ich kenne eine Maturaklasse, die heute noch einen Tintendeckel aus Holz, der sicher ein respektables Alter aufweist, als Relikt einer ausgedienten Schulbank aufbewahrt und bei den Maturatreffen als Erinnerungsstück, dem immer noch der Schulgeruch anhaften soll, in Ehren hält. Keine schlechte Idee! Der alte Tintendeckel erinnert an die Jugendzeiten, die zum größten Teil heiter und unbeschwert waren.

Fix mein, der „Buffi"
(„Der freie Fall", Seite 109)

„Klampfi", der allzeit Gütige
(„Die Tücke des Alphabets", Seite 121)

Der verunglückte Leitspruch

In der NS-Zeit hieß unsere Schule nicht mehr Bundesrealgymnasium, sondern Oberschule für Jungen. Und der Platz, auf dem das Gebäude stand, hieß auch nicht mehr Realschulplatz oder Fischmarkt, sondern Hans-Schemm-Platz, benannt nach einem prominenten Pädagogen in der Gefolgschaft Hitlers. Natürlich war auch der Unterricht auf diese Zeitströmung ausgerichtet. Sport und Leibeserziehung wurden auf den Platz eins gerückt, der Gegenstand Religion wurde Freifach. Die Turnstunden mußten mit einem markanten Geleitwort aus der NS-Ideologie eröffnet werden, und anschließend daran wurde dann, in Formation marschierend, irgendein echtdeutsches Lied gesungen. Das geschah mehr oder minder regelmäßig und war auch mehr oder minder feierlich. Man gewöhnte sich daran, wie man sich damals eben an vieles gewöhnt hatte.

Aber einmal geschah etwas ganz Außergewöhnliches. Wir waren im Turndreß in Linie zu dritt angetreten, es klang das Kommando *stillgestanden,* und der Professor begann, das Geleitwort zu sprechen. Er wählte für diese Turnstunde den bekannten Spruch: *Du bist nichts, dein Volk ist alles.* Fürwahr ein bedeutungsvolles Wort, das vortrefflich in diese Zeit paßte. Nun kann es aber vorkommen, daß auch Turnprofessoren von der diesem Berufsstand anhaftenden Zerstreutheit befallen werden. Bei Turnlehrern gewiß eine Seltenheit, waren doch diese immer recht drahtige und gar nicht gehemmte meist junge Herren, die, sportgestählt und braungebrannt, den Turnunterricht flott und zur Freude aller gestalteten.

Aber aus einem unerfindlichen Grund war unser lieber Turnprofessor an diesem Tag nicht ganz bei der Sache, denn der nun folgende Leitspruch brachte uns in nicht geringes Erstaunen. Wir mußten aus seinem Munde hören, ernst und markant vorgetragen: „Du bist nichts, und das ist alles! Rechts um. Von Goethe." Unser darauffolgendes Marschlied klang gar nicht so forsch wie sonst. Vielleicht deshalb, weil mancher über das eben Gehörte nachdachte, etwas verwundert wahrscheinlich, denn so paßte der Spruch schon gar nicht in die *glorreiche* Zeit.

Die offene Tür

Die Schulzeit, insbesondere die Jahre der Mittelschule mit dem glorreichen Abschluß der Matura, soll der Entwicklung einer qualifizierten Allgemeinbildung dienen und am Ende die Voraussetzung für den Besuch einer Hochschule schaffen. Daran ist kein Zweifel, und so ist es auch bei den meisten geschehen, die diese Schule besucht haben. Daß daneben auch eine gewisse körperliche Ertüchtigung einhergehen soll, war durch die Abhaltung von Turnstunden und Sportveranstaltungen gewährleistet. Aber das war gewiß viel zu wenig, um später im Lebenskampf bestehen zu können. Da bedurfte es weit größerer Anstrengungen, wie mir gewiß jeder bestätigen wird.

Um dieses hehre Ziel zu erreichen, griffen die Schüler, wie so oft, zur Eigeninitiative und benutzten die Pausen zur verstärkten körperlichen Ertüchtigung. Man kämpfte, hart und gnadenlos, miteinander oder gegeneinander, im Klassenzimmer oder auf dem Gang, mit Behelfswaffen, als da waren

Kreidestücke, alte Semmeln und Lineale, oder nur mit Fäusten und Beinen. Dies alles aber geschah keineswegs aus niedrigen Anstößen, sondern nur zur Freude, manchmal auch zum Schmerz der Beteiligten, und aus reiner Lust am Kampf. Es sage mir keiner, daß diese Kämpfe irgend etwas mit Abreaktion von Aggressionstrieben oder mit unterschwelligem Militarismus zu tun hatten. Nicht im entferntesten! Da ging es harmloser zu als bei so manchem Fußballmatch, da gab es keine Verletzten und vor allem keinen Haß oder ähnliche Emotionen.

 Also kämpfte eine Klasse in der Pause vor einer Religionsstunde. Der Kampf tobte vom Klassenzimmer hinaus auf den Gang und von dort wieder hinein in den Raum, und dies mehrmals und so heftig, daß die hohe und massive Tür plötzlich aus den Angeln fiel und mit lautem Gepolter auf den Boden stürzte. Gottlob kam keiner zu Schaden, denn die schwere Tür hätte bestimmt weh getan, wenn sie einem der Kämpfer auf den Kopf gefallen wäre. Der wuchtige Sturz und das Glockenzeichen beendeten abrupt den Kampf, und es erhob sich sogleich die Frage, wie bringe man die Tür wieder in die Funktion, zu der sie geschaffen wurde. Sie einfach aufzustellen und am Türstock anzulehnen, widersprach gänzlich der allen Schülern gemeinsamen Wertschätzung des in Kürze zu erwartenden Religionsprofessors. Dieser war bei allen überaus beliebt, und man konnte sich nicht vorstellen, wie ihm, wenn er die Türklinke zu fassen kriegte, die schwere Tür entweder auf sein Haupt oder in den Raum fiele. Das wollte ihm keiner zumuten, wußte man doch, mit welcher Liebe und Ehrfurcht er von jener Pforte sprach, durch die er einmal in das Reich der Seligen schreiten wolle. Dieses sein Sehnen nach der Himmelstür sollte ihm nicht durch die Erinnerung an ein böses Zusammentreffen mit einer aus den Angeln gehobenen Klassentür vergällt werden.

Die Kräftigsten in der Klasse, und deren gab es einige, gestählt in zahlreichen Kämpfen, machten sich behend daran, und Eile tat not, die massive Tür aufzuheben und sorgsam in die Angeln einzufügen, was gar nicht so leicht war. Das Werk gelang! Keine Sekunde zu früh, denn schon kam der Herr Religionsprofessor um die Ecke, öffnete die vor kurzem noch am Boden liegende Tür, die sich nun leicht in den Angeln schwenken ließ, und betrat mit seinem immer freundlichen Lächeln das Klassenzimmer. Es ist nicht bekannt, von welcher Begebenheit aus der Bibel oder der Bergpredigt er im Unterricht berichtet hat, jedenfalls war von Rettung aus höchster Not, vom Schutzengel und von der Vergebung der Sünden nicht die Rede. In dieser Richtung aber bewegten sich die Gedanken der Schüler. Und das war vielleicht ganz gut so.

Danke, setzen!

Wer glaubt, daß sich Streiche und *Lausbübereien* immer nur im Inneren des Schulgebäudes abgespielt haben, irrt. Gelegenheiten zu einer *Hetz* boten sich immer und überall – nur selten ließ man solche ungenützt vorübergehen. Zu der Zeit, in der sich die meisten Schulgeschichten, die in diesem Buch erzählt werden, zugetragen haben, gab es in Salzburg ganze sechs Mittelschulen. Eine Realschule, ein Realgymnasium, ein Gymnasium, eine Lehrerbildungsanstalt, eine Handelsakademie und ein Lyzeum, wie damals das Mädchen-Realgymnasium genannt wurde. Die Schüler und Schülerinnen der Oberstufen kannten sich natürlich alle, und um sechs Uhr abends traf man sich beim Bummel in der Getreidegasse und am Kranzlmarkt, wo damals noch mit fürchterlichem Gequietsche die Gelbe Elektrische durch den Rathausbogen hereinkurvte, um an der Haltestelle beim Neumüller kurz anzuhalten. Es erwies sich immer wieder als höchst interessant, auf die Schienen dieser *Schnellbahn* ein

Geldstück zu legen, welches dann, breitgewalzt, nach der Abfahrt der zu unserem Bedauern gar nicht entgleisten Elektrischen zum Vorschein kam.

Oft ging man dann auch in ein kleines Café, zum Blieberger am Alten Markt oder ins Café Posch in der Linzer Gasse. Und wenn es ganz lustig wurde, streifte man anschließend in der menschenleeren Altstadt herum, die in den kühlen Novemberabenden den wohlverdienten Dornröschenschlaf hielt. Und da verlockte einmal der kühn dastehende Mozart am ebenso genannten Platz zu tiefsinnigen Gesprächen über Sinn und Zweck dieses Denkmals, worauf sich ein ganz Kühner kurzerhand entschloß, den steinernen Mann zu erklimmen, um ihm einen Zylinderhut aufzusetzen. Ein Sakrileg übelster Art, war tags darauf in der Zeitung zu lesen, und die Bestrafung des Übeltäters wurde gefordert. Aber bis heute und gewiß auch weiterhin werden die Namen des Kletterers und die der begeisterten Zuseher und Zuseherinnen, die den Mutigen mit aufmunternden Zurufen zu höchster Leistung anspornten, nicht und niemandem genannt werden. Hinter vorgehaltener Hand lächelte man verschmitzt in der Polizeiwachstube im Rathaus, wie von Eingeweihten berichtet wurde, ob dieses üblen Scherzes.

Ob auch der wuchtige *Tom Mix* gelächelt hat, ist allerdings nicht bekannt. Wer war *Tom Mix*? Es gab damals in Salzburg einen strammen und hünenhaften Polizisten, der oft auf dem Staatsbrückenkopf Imbergstraße - Schwarzstraße Dienst tat. Es gab dazumal noch keine Ampeln, es war auch kein so gewaltiges Verkehrsaufkommen, sodaß die Handzeichen eines Verkehrspolizisten genügten, um die wenigen Autos, die Straßenbahnen, die Radfahrer und die Fußgänger gefahrlos über die Kreuzung zu lotsen. Zu dieser Zeit aber lief in einem Kino ein Wildwestfilm, in dem ein Sheriff von großer Gestalt und kühnem Aussehen die Hauptrolle spielte. Er war eine legendäre Filmfigur und hieß *Tom Mix*. Und weil der besagte Polizeibeamte ebenfalls von großer Gestalt war, überdies eine kühn geschwungene Nase sowie einen strengen und scharfen Blick hatte, wurde er kurzerhand *Tom Mix* genannt. Er war gleichermaßen beliebt und gefürchtet. Zumindest von uns jungen Bürgern der Stadt. Es hieß, man hätte ihn nie lachen gesehen. Einmal aber hat er herzlich gelacht, das weiß ich. Und das kam so:

Aus der grünen Steiermark wurde einmal ein Professor nach Salzburg versetzt. Er hieß Krainz und bediente sich einer leicht krächzenden und knapp abgehackten Aussprache. Wenn er im Unterricht sogenannte Bankfragen stellte, mußte sich der Schüler rasch erheben und die richtige Antwort geben, sofern er dazu in der Lage war. War das geschehen, knarrte Professor Krainz ein kurzes

„Danke, setzen!", womit für den Professor und für den Schüler die Angelegenheit erledigt war. Nun war der Herr Professor eben neu in der Stadt und kannte sich noch nicht so gut aus im Gewirr der Straßen und Plätze. Also fragte er einmal den auf dem Staatsbrückenkopf gerade diensthabenden Beamten – es war *Tom Mix* –, wie er am schnellsten zu dem ihm vom Hörensagen bekannten und von Kollegen empfohlenen Bräustübl käme. Der riesige Polizist neigte sich ein wenig zu dem kühnen Frager herab und gab diesem bereitwillig Auskunft, wobei er seine wortreiche Schilderung mit richtungweisenden Gebärden unterstrich. Befriedigt über das Gebotene, kam prompt aus dem Munde des Professors das gewohnte: „Danke, setzen". Und da lachte unser *Tom Mix* laut und herzlich, und dies war gewiß sensationell.

Dieses geschah auf der Staatsbrücke. Eine andere Brücke war einmal das Objekt eines Schildbürgerstreiches, an dem wir zwar unschuldig waren, der uns aber einen willkommenen Anlaß zu einer *Gaudi* bot.

Die Karolinenbrücke war so um 1937 herum baufällig geworden. Und um bedrohliche Belastungen zu vermeiden, wurde seitens der Stadtverwaltung angeordnet, daß die Fahrgäste der Roten Elektrischen, die diese Brücke in beiden Richtungen zu passieren hatte, vorher aussteigen und nachher zu

Der unvergeßliche „Papa Schwarz"
(„Vom Geist", Seite 127)

*Das Ochsengespann mit den Maturanten am Residenzplatz, 1932
(„Vom Geist", Seite 127)*

Fuß die Brücke überqueren müssen. Damit wollte man das Gewicht des Straßenbahnzuges vermindern. Klar und logisch! Was geschah aber wirklich? Die Fahrgäste stiegen brav vor der Brücke aus und gingen gemächlich gleichzeitig neben der leerfahrenden Elektrischen über die Brücke, um am anderen Ufer wieder einzusteigen. Dies geschah aber nicht einmal, sondern regelmäßig. Dieser Vorgang wurde von uns, die wir mit den Fahrrädern vom Sportplatz in der Brodhäuslau kamen, genüßlich beobachtet. Ja, was die Stadtverwaltung anordnen kann, das können wir auch. Wir vermieden es sorgsam, mit den Fahrrädern − *zwegn* der Belastung − die Brücke zu überqueren, sondern schulterten unsere Räder und marschierten fröhlich pfeifend über die also scheinbar entlastete Brücke, nicht achtend der finsteren Blicke der vor dem Tor der Polizeikaserne stehenden Polizisten.

Die verfälschte Pausenglocke

103

In den meisten modernen Schulgebäuden verkündet ein mehrstimmiger Gong Anfang und Ende der Pause, ein wohltuendes und angenehmes Geräusch. In früheren Zeiten ertönte eine mitunter recht grell klingende Glocke, deren Signal aber nicht minder freudig aufgenommen wurde, bedeutete es doch das heißersehnte Ende einer Unterrichtsstunde oder eines Schultages. Oft konnte man das Läuten kaum erwarten, dauerte doch der Vormittag zu lange und wollte der Streß, unter dem die geplagten Schüler zu leiden hatten, kein Ende nehmen.

So auch an einem Donnerstag in der letzten Stunde, von zwölf bis eins. Man hatte Logik beim *Isi,* so hieß mit seinem Spitznamen der vortragende Professor. Man stelle sich vor, in der letzten Stunde, wo der Magen schon knurrte und die Müdigkeit spürbar wurde, sollte man das ungemein trockene Thema des Philosophie-Unterrichtes über sich ergehen lassen. Dazu kam noch, daß der Vortrag recht eintönig und langweilig war, was sicher am Inhalt desselben und keineswegs beim Wesen des als heiter und freundlich bekannten Professors lag. Kurzum, die Klasse hatte einmütig erkannt, daß diese Stunde zu lange dauere und abgekürzt werden müsse. Eine Maßnahme, die gewiß nicht nur uns Schülern zugute käme, sondern möglicherweise auch im Interesse des Professors lag, der auch deutliche Anzeichen von Müdigkeit und Interesselosigkeit zeigte. Was war zu tun?

Wir besorgten uns zunächst eine lange Leiter vom Schulwart, schraubten dann in der langen Pause die Glaskugel von der über den ersten Bänken hängenden Lampe ab, um in die Kugel mit größter Sorgfalt eine Weckeruhr hineinzustellen, die auf 12.30 Uhr, also eine halbe Stunde vor Schulschluß, eingestellt war. Um eine gewisse Stabilität dieses Küchenweckers zu gewährleisten, haben wir zerknülltes Zeitungspapier rundherum gelegt, eine Vorkehrung, die sich später als sehr vorteilhaft erweisen sollte.

Die Logik-Stunde begann, *Isi* trug vor, und wir waren startbereit. Es war klar, daß wir sofort nach Ertönen der Weckerklingel das Klassenzimmer und das Schulgebäude verlassen mußten, noch bevor der Professor etwas merken könnte. So geschah es! Pünktlich um halb eins begann der Wecker zu rasseln, nicht ganz so, wie es dem üblichen Glockenton entsprach, aber wir verursachten beim Verlassen des Klassenzimmers einen solchen Lärm, daß der Unterschied in der Klangmodulation nicht erkennbar wurde. *Isi* verließ als letzter den Raum und begab sich gemächlichen Schrittes über die große Stiege hinunter ins Konferenzzimmer. Ob ihm aufgefallen ist, daß die Gänge im Schulgebäude verdächtig leer waren, ich weiß es nicht, vielleicht hat er gar nicht so darauf geachtet. Spätestens aber beim Betreten des Lehrerzimmers wird er den *Betrug* gemerkt haben. Unser Streich war also gelungen. Wer aber glaubt, daß wir die Tat büßen mußten, irrt. *Isi* hat nie darüber gesprochen. War er angetan von der zweifellos erwiesenen Intelligenz, die dieser Manipulation zugrunde lag, oder haben wir ihm damit einen Gefallen erwiesen; ich glaube, daß wohl beides zutraf.

Der freie Fall

Was ich jetzt erzählen will, hat sich schon vor vielen Jahren ereignet, als das graue Haus an dem Platz zwischen der Griesgasse und dem Salzachkai am Fischmarkt stand — benannt nach dem flachen Gebäude, das um zwei Kastanienbäume herumgebaut ist und je nach Geschmacksrichtung gut oder schlecht nach Fisch roch (heute Hanuschplatz) — und noch die aus stählernen Lettern gesetzte Aufschrift trug: *K. u. K. OBERREALSCHULE,* wobei das aus noch früherer Zeit stammende *K. u. K.* etwas abseits gerückt war. Daß diese Versalienlettern, die mit Klammern an der Stirnwand über dem Schultor befestigt waren, versetzbar sein könnten, erdachten und bewiesen einige besonders intelligente Maturanten, die mit viel Geschick und Mühe, unter Zuhilfenahme einer Leiter und anderen Geräts, die Buchstaben derart vertauscht haben, daß man am nächsten Morgen mit viel Freude die beziehungsvolle Aufschrift lesen konnte: RAUBERSHOELE. — Es muß auch noch ein Foto von diesem denkwürdigen Ereignis existieren. (Ich gäb' was drum, wenn ich es in die Hand bekäme.)

Aber um diesen Streich geht es mir gar nicht bei der Geschichte, die ich erzählen will. Es handelt sich vielmehr um ein Phänomen aus der Physik, aus der Lehre von der Beschleunigung eines Körpers beim freien Fall. Diese Theorie, für die es auch eine schöne Formel gibt, erläuterte im Physiksaal, mit viel pädagogischem Geschick und präziser Rhetorik der Herr Professor Wagner, der seit vielen Generationen schlicht und einfach *Buffi* hieß. Es gab wenig Professoren, soweit ich mich erinnern kann, die mit ihrem normalen Familiennamen genannt wurden, die meisten bekamen irgendwann einmal aus irgendeinem Anlaß einen Spitznamen, der an ihnen haften blieb bis zum Ausscheiden aus dem Schuldienst. Ich bin überzeugt, daß sich die Pädagogen über ihre Spitznamen freuten, waren sie doch zumeist ein Zeichen besonderer Beliebtheit. Daß sich im Konferenzzimmer die Herren Kollegen auch mit diesen von Schülern erfundenen Namen angesprochen haben, ist erwiesen, daß die betreffenden Herrn Professoren daheim von Gattin und Kindern ebenfalls mit dem Spitznamen gerufen wurden, dürfte ein bösartiges Gerücht sein.

Also, wie gesagt, Buffi erklärte den *freien Fall*. Ein Schüler mußte an der Tafel anhand der bekannten Formel ausrechnen, wie lange ein $1^{1}/_{4}$ kg schwerer Stein, wenn er beispielsweise vom Fenstersims in den Schulhof fallengelassen würde, braucht, bis er unten ankommt. Die Höhe vom steinigen Boden des Hofes bis zum Fenstersims im dritten Stock war bekannt, das Gewicht des Steines ebenso, also war es kein besonderes Problem, die Zeit zu errechnen, die zwischen Loslassen und Aufprallen des Steines vergeht. Es dauerte auch nicht lange, und das Ergebnis der Rechnung stand weiß auf schwarz auf der Tafel. Damit aber gab sich unser Buffi nicht zufrieden. Es ging ihm um mehr, als nur um ein errechnetes theoretisches Resultat, es ging ihm um den Beweis. Alles auf den Gang, an die Fenster, hieß es, und die Schüler verteilten sich an die Fenster, die den Blick in den trapezförmigen Schulhof freigaben. „Ich habe hier in der Hand einen Stein, der dasselbe Gewicht aufweist wie unser besprochenes Beispiel, und in der anderen Hand habe ich eine Stoppuhr. Ich werde jetzt den Stein fallen lassen und die Zeit stoppen, wenn er unten aufschlägt. Dann haben wir den Beweis für unsere Theorie", verkündete Buffi laut und deutlich, damit es alle hören konnten. Erwartungsvoll starrten nun alle zu jener Stelle hin, an der Buffi stand und bedächtig zählte: „Vier – drei – zwei – eins – null", um dann lauthals seinen stereotypen Fluch *Fixmein* auszustoßen.

Was war geschehen? Buffi hatte die Uhr fallen gelassen und den Stein als Stoppuhr benützt. Das unmittelbar darauf folgende Gebrüll der Schüler soll das berühmte homerische Gelächter weit in den Schatten gestellt haben, erzählte man sich damals in der Stadt, in der man im nahen Umkreis der Schule den Jubel der Newton-Jünger gehört haben soll.

Salzburg zählte damals 36.000 Einwohner. Man kann sich leicht vorstellen, wie schnell sich diese Geschichte verbreitet hat. Und noch nach vielen Jahren, als der allseits beliebte *Buffi* schon längst die wohlverdiente Pension genossen hatte, sprach man noch vom *freien Fall*, der total kaputten Stoppuhr und dem ärgerlichen *Fixmein*, geschehen im ehrwürdigen Gebäude der Oberrealschule zu Salzburg in einer Zeit, in der sich Lehrer und Schüler mehr oder minder über die Streiche und die Abenteuer freuten, die den grauen Schulalltag herrlich versüßten.

Zu guter Letzt fällt mir noch eine kleine Geschichte ein, die mit Bleistiften und einem leichtgewichtigen Katheder zu tun hat. Da war ein Professor, der sich mit Vorliebe während seines Vortrages mit dem Rücken bzw. dem unteren Teil desselben an den Katheder anlehnte. Die Beobachtung dieser lässigen Körperhaltung brachte die Schüler einer Klasse auf die Idee, in der Pause vor der Stunde des betreffenden Professors den Katheder anzuheben und eine Unmenge Bleistifte darunter zu legen. Und prompt trat der erwünschte Effekt ein. Der

Herr Professor konnte es nicht lassen, sich wiederum derart anzulehnen und, hurra, der Katheder rollte sanft nach hinten, und der Pädagoge rollte zu seinem Schrecken mit.

Seither warf dieser immer gleich beim Betreten des Klassenzimmers einen prüfenden Blick auf den Katheder und dessen Fundament auf dem Podium. Erst dann nahm er die gewohnte Haltung ein.

Ein gewiß harmloser Streich, der aber wie die meisten Schülerstreiche Intelligenz, Beobachtungsvermögen und sorgfältige Planung verrät. Wie sieht es damit heute aus? Sollte dieses Buch Anregungen vermitteln, es wäre gewiß wünschenswert und läge auch im Interesse der Lehrer, des bin ich gewiß. Das Leben ist ernst genug und der Schulalltag nicht minder, da bedürfe es doch wahrhaftig nach Anlässen der Freude und des allseits befreienden Lachens.

Lepus, der Haas: „Von was nährn sich die Bakterien? Da wissens nix, da bin ich schon orientiert."
(„Von Geistern", Seite 133)

Lepus, der Haas
(„*Von Geistern*", *Seite 133*)

Die Tücke des Alphabets

Wenn man die Professoren nach ihrer Güte und Seelengröße reihen würde, müßte man Professor Klambauer wohl an die erste Stelle setzen. Deutsch war sein Hauptfach, und *Klampfi* war sein Spitzname. Er saß gerne in irgendeiner Ecke des Klassenzimmers und hörte sich die mehr oder minder lichtvollen Ausführungen bei Redeübungen oder bei Aufsatzkommentaren an, genüßlich seinen Tabak kauend und weiß Gott zufrieden mit sich und der Welt und, darin eingeschlossen, auch mit uns, seinen Schülern. Wir liebten ihn, das muß einmal gesagt werden, nicht nur weil er es verstand, den Unterricht so zu gestalten, daß wir Freude daran haben konnten, nein, sondern weil er auch ein Einsehen hatte und uns bisweilen in seiner Stunde Gelegenheit gab, für die Matura in Mathematik und Englisch zu büffeln. Er drückte dann eben ein Auge zu, manchmal auch beide, wenn ein kniffliges algebraisches Problem zur Debatte stand und eben ausdiskutiert werden mußte.

Klampfi beschränkte sich bei der Notengebung meist auf die Form und den Stil unserer Aufsätze, natürlich auch auf die darin enthaltenen geistreichen Aussagen, und nur zweimal im Jahr entschloß er sich, mündlich in Literaturgeschichte zu prüfen. Er besaß einen schönen Katalog, in welchem sauber von A bis Z die Namen der Schüler eingetragen waren, und begann mit seiner Prüfung immer vorne im Alphabet. Da wir in unserer Klasse keinen Schüler mit dem Anfangsbuchstaben A hatten, waren es eben jene Bedauernswerten, deren Familiennamen mit B begannen, die zur Prüfung aufgerufen wurden. Nun verliefen aber diese Examen gar nicht so exakt, wie sonst in anderen Fächern und bei anderen Lehrern üblich, nein, es entwickelte sich meist ein längeres Gespräch, und am Ende der Stunde war Klampfi dann schließlich beim Buchstaben D angelangt, was alle anderen, mit den Anfangsbuchstaben E bis Z, befreit aufatmen ließ. Denn, es war bekannt und gewissermaßen verbrieft, daß Klampfi das nächste Mal beim Prüfen, also etwa in einem halben Jahr, wieder vorne mit B anfangen und bestenfalls bis zum D kommen würde. Und das wiederholte sich von Jahr zu Jahr, wohl auch von Generation zu Generation.

Nur einmal passierte ihm ein fürchterlicher Lapsus. Er rief doch tatsächlich den Mitschüler Palfinger zur Prüfung auf. Zögernd und befremdet erhob sich dieser und bemerkte zu Recht höchst empört: „Wieso ich? Ich schreibe mich mit hartem P und nicht mit weichem B."

Mit besonderer Vorliebe ließ er uns die deutschen klassischen Dramen mit verteilten Rollen lesen. Übrigens eine Methode, die geeignet ist, die Kenntnis der großen Dichter sehr anschaulich und ansprechend zu vermitteln. (Zur Nachahmung empfohlen!) Einmal mußten wir die *Jungfrau von Orleans* lesen. Klampfi brachte zu diesem Zweck eine Anzahl von Textbüchern in die Klasse und verteilte diese nach der von ihm vorgenommenen Rollenbesetzung an die betreffenden *Schauspieler*. Nun begab es sich, daß er zuwenig Hefte mitgenommen hatte. Kurz entschlossen beauftragte er einen Schüler, weitere Textbücher zu holen, wobei er sich folgender Worte bediente: „Geh doch hinauf ins Lehrerzimmer, da liegen noch ein paar Jungfrauen, und bringe zwei davon herunter, damit dann jeder eine hat." So geschehen anno domini 1937 in einer Klasse 16- bis 17-jähriger recht aufgeweckter und wohl aufgeklärter junger Herren. Es erübrigt sich wohl, das Gelächter zu schildern, womit diese Aufforderung quittiert wurde. Klampfi lächelte gütig dazu, er hat's ja nicht so gemeint.

Vom Geist

Wenn von vergangener Schulzeit die Rede ist, müßte man doch eigentlich bei der Erwähnung des Wortes *Geist* an jenes Attribut denken, das Gymnasiasten im allgemeinen und Maturanten im besonderen besitzen oder besitzen sollten. Aber von diesem Geist ist hier nicht die Rede. In dieser Geschichte spielt jener Geist eine bedeutsame Rolle, der im Alkohol, mehr oder minder konzentriert, enthalten ist und auch in Flaschen abgefüllt werden kann.

In früheren Zeiten, etwa vor einem halben Jahrhundert, wurden die Maturanten unmittelbar nach bestandener Prüfung von einem mit Ochsen bespannten Leiterwagen der Stieglbrauerei abgeholt. Fein herausgeputzt und mit ebensolchen Zylindern geschmückt, wie ihn damals die Maturanten zu tragen pflegten, standen die Ochsen mit ihrem Gespann am Kai neben der Schule und warteten geduldig auf die freudetrunkenen und reif erklärten Herren Maturanten. Mit Hüh und Hott ging es dann mit den auf dem Wagen singenden und jubilierenden jungen Herren über Mülln und Maxglan geradewegs zur Stieglbrauerei, wo Freibier und Würstel warteten. Gott, war das ein herrliches Vergnügen, sowohl für die solcherart geehrten und transportierten Maturanten, als auch für die Bürger der Stadt, die ihnen freudig zuwinkten und das Ochsengespann bestaunten.

Das ging halt ein paar Jahre so, aber einmal war es aus mit diesem schönen Brauch, weil die Bierfässer nicht mehr mit Ochsenwagen transportiert wurden, sondern mit Pferdefuhrwerken und später mit dem Lastwagen, und dann, weil eben alles einmal ein Ende findet, so schade es um die alten Bräuche auch sein mag. Einmal aber kamen die Stieglbräu-Ochsen mit dem Leiterwagen doch noch zu Ruhm und Ehre, und zwar zu einem ganz besonderen Anlaß.

Irgendwann am Anfang der dreißiger Jahre feierten Maturanten mit ihren Professoren ihre bestandene Reifeprüfung weit außerhalb der Stadt, nahe dem Untersberg, in einem kleinen und gemütlichen Wirtshaus. Sie feierten lang und ausgiebig und ließen beachtliche Mengen des schmackhaft gegorenen Obstsaftes durch ihre durstigen Kehlen rinnen. Man war fröhlich und beschwingt und sang heitere Lieder. Aber dann drohte der Aufbruch. Und es kam, wie es kommen mußte. Solange die jungen

Herren in der Wirtsstube saßen, merkten sie nichts vom Geist des Mostes, der sich in den Köpfen und Mägen der wackeren Burschen eingenistet hatte. Als sie aber in der frischen Morgenluft den Heimweg, natürlich zu Fuß, antraten, auf der endlos scheinenden Landstraße, vorbei an unzähligen Alleebäumen, da begann der *Geist* zu wirken. Gräßliche Übelkeit und himmelschreiender Jammer breitete sich in den unsicher schreitenden Reihen der Maturanten aus. Es graute schon der Morgen, als die stark gelichtete Schar der gar nicht mehr fröhlichen Zecher die Stadt und in der Folge das ersehnte Bett im Elternhaus erreichten. Schauriges aber trug sich zu bei den Hinterbliebenen, will sagen bei jenen, die das Weichbild der Stadt nicht erreichten. Jämmerliche Gestalten lehnten an knorrigen Baumstämmen, andere lagen, mehr oder minder selig schlummernd, in den beiderseitig der Straße verlaufenden tiefen Gräben, Zeit, Raum und Reife vergessen habend.

Nun gab es damals in der Schule einen Schulwart, den alle, Professoren und Schüler, Papa nannten. Einige seiner Söhne studierten in derselben Realschule, in der er tätig war als Pedell, als Hüter der Ordnung, als Manager des Jausenverkaufsstandes und als der gütige Freund und eben *Papa* aller, die jemals diese Schule besucht haben. Dieser Mann erfuhr − ich weiß nicht mehr auf welche Art − von dem bitter traurigen Schicksal jener Ärmsten, die sich der Morgensonne nicht erfreuen konnten, weil sie litten unter den wärmenden Strahlen derselben. Und da zog schmerzliches Erbarmen in das Herz des gütigen Papa Schwarz, so war sein bürgerlicher Name, und er besorgte sich einen Ochsenkarren von der Stieglbrauerei, deren Direktor, wie nicht anders zu erwarten, Verständnis zeigte für die Not dieser *Hinterbliebenen*. Mit diesem Gefährt fuhr nun der treubesorgte *Papa* die Straße entlang, um bald da und bald dort anzuhalten und einen nach dem anderen der leidenden geistvollen Geschöpfe aufzuladen auf den Ochsenkarren, um sie ohne viel Aufsehens heimzubringen in den Schoß der Familie, an die Schürze der besorgten Mutter.

Ich weiß nicht, ob man ihm das jemals gedankt hat, dem unvergeßlichen *Papa*. Jedenfalls möchte ich ihm mit dieser Erzählung ein kleines Denkmal setzen, das einen längeren Bestand haben soll als das Leben jener ehemaligen Schüler, die ihn kannten und liebten.

Von Geistern

Nicht nur vom Geist, auch von Geistern will ich berichten, natürlich nur von unechten. Richtige Geister hat es meines Wissens in dieser Schule nie gegeben, denn auch das Skelett, das im Naturgeschichte-Unterricht als Demonstrationsobjekt diente, war kein Geist, sondern, wie immer wieder behauptet wurde, das Knochengerüst eines ehemaligen Schülers dieser Anstalt, der sich als oftmaliger Repetent einen Namen gemacht hatte. Und um dieses Skelett geht es in der nun folgenden Geschichte.

Brave und ordentliche Schüler, und von dieser Sorte gab es tatsächlich einige wenige, durften vor der Naturgeschichtsstunde die für den Unterricht notwendigen Demonstrationsobjekte im Kabinett des betreffenden Professors übernehmen und in das Klassenzimmer befördern. Das geschah eben auch einmal mit dem bewußten Skelett, da gerade der Körperbau des Menschen Gegenstand der Unterrichtsstunde war. Hier möchte ich einfügen, daß der Naturgeschichtsprofessor, sein Name war Haas, zu jenen Lehrern gehörte, die den Wissensstoff so prägnant und eindringlich vermittelten, daß er noch viele Jahre nach der Matura im Gedächtnis verblieb. − Doch nun wieder zurück zu dem Skelett.

Ich weiß nicht mehr, wie es geschah und wer es getan hat, jedenfalls stand das Knochengerüst während des Vortrages im Klassenzimmer mit nach hinten gebogenem rechten Unterarm und rechtwinkelig angehobenem Bein. Vielleicht haben sich diese anatomischen *Veränderungen* beim Transport vom Kabinett über die Stiege ins Klassenzimmer durch Erschütterungen infolge unachtsamen Tragens von selbst eingestellt oder es hat jemand nachgeholfen. Ich vermute eher das letztere, vor allem, wenn ich an die Folgen dieser Manipulation denke. In dieser Stunde wollte nämlich der Herr Professor prüfen, das war zwar bekannt, aber keineswegs erwünscht, denn die Vorbereitung auf die am gleichen Tag stattfindende Lateinschularbeit gestattete keineswegs ein Memorieren des für die Prüfung in Frage kommenden Stoffes. Die ganze Klasse war also nicht vorbereitet, wie es in solchen Fällen mit strafendem Unterton hieß.

Was war zu tun, um diese ungeliebte Prüfung zu verhindern?

Gerade als der Professor seinen Katalog zur Hand nahm, um den ersten Prüfungskandidaten aufzurufen, geschah es, daß Arm und Bein des Kno-

„Livius" zitiert Livius
(„Ein körperloser Schüler", Seite 143)

„Gschmacherl", wie er leibt, lebt und – prüft
(„Schusi, Kleisterschwein und andere Typen", Seite 153)

chenmannes mit lautem und makabrem Geklapper in die bei Skeletten übliche Haltung zurückfielen. Ein Schrei des Entsetzens brach aus den Kehlen der Schüler, und auch der Herr Professor war ob dieses für ihn unvorhergesehenen Vorfalles etwas indigniert. Er verzichtete auf die Prüfung.

Professor Haas war nicht nur ein hervorragender Pädagoge und Wissenschafter, er war auch ein guter Psychologe, der wußte, welches Maß an Unsicherheit von einem Schrecken dieser Art ausgelöst werden kann. Wir haben ihm diese Einsicht gedankt und waren das nächste Mal gut vorbereitet.

*Ein körperloser
Schüler?*

Aber da gibt es noch eine Geistererzählung. Auch hier war es kein echter Geist, sondern ein körperloser Schüler. Wie ist denn so etwas möglich?
In der 6. Klasse bekamen wir einen neuen Lateinprofessor. Er war noch sehr jung, und zudem waren wir seine erste Klasse, in der er als frisch ausgemusterter Lehrer unterrichtete. Nun waren wir alles andere als mustergültige Schüler, es wurde viel geschwätzt, geschwindelt und eingesagt. Und wir machten bei diesem *Neuen* keine Ausnahme. Das ärgerte ihn grimmig, und er lief rot und blau an, eine Eigenschaft, die dem Vernehmen nach den bekannten römischen Historiker Livius zierte. Und schon war's geschehen, er hieß von nun an *Livius* und behielt diesen Namen bis zu seiner Pensionierung. Nun ist der Gegenstand Latein nicht sehr beliebt, wie es Generationen von Mittelschülern bestätigen werden, und demzufolge sind auch meist die Professoren, die dieses Fach unterrichten, nicht sehr beliebt. Das traf auch beim Livius zu, am Anfang

wenigstens, später hat sich das geändert. Das kam so:

Wir hatten damals ein neues Klassenzimmer erhalten, in dem sich an der Stirnseite eine riesige Tafel befand. Diese ruhte mit den Haltegriffen ganz unten auf dem Podium und ließ sich an zwei auf der Wand befindlichen Schienen in die Höhe schieben. Diese Schienen waren sehr wuchtig, sie mußten ja auch ein stattliches Gewicht aushalten und schufen einen Abstand von der Wand von etwa 25 bis 30 cm. Das ergab die blitzschnell erkannte Gelegenheit und Möglichkeit, jemanden hinter die Tafel zu stellen, diese herunterzuziehen, sodaß sich der dahinter Stehende nicht mehr bewegen kann und nur seine Fußspitzen unter der Tafel herausschauen. So eine Chance für einen Streich darf man sich doch nicht entgehen lassen!

Vor einer der nächsten Lateinstunden stellten wir einen Mitschüler, der sich zwar heftig wehrte, aber dann gute Miene zum bösen Spiel machte, an die Wand hinter die Tafel, zogen diese herunter, worauf der Arme zwischen der mannshohen Tafel und der Mauer eingeklemmt war, die Knie nicht abbiegen konnte, um die Tafel mit den Füßen hinaufzuschieben und nun warten mußte, bis ihn jemand aus dieser mißlichen Lage befreite. Nur seine Fußspitzen waren sichtbar. Nun harrte die Klasse des kommenden Unheils in der Gestalt des eilend bei der Tür hereintretenden Livius. Dieser, gewandt und sich seiner Überlegenheit als erfahrener Pädagoge bewußt, erblickte sofort die sichtbaren Spuren der frevelhaften Untat und befahl, die Tafel hochzuschieben, wodurch der Mitschüler endlich befreit wurde. Lautstark verkündete er mit bläulichem Gesicht, daß er, falls solches noch einmal passieren sollte, die ganze Klasse ins Klassenbuch schreiben würde, mit besonderem Hinweis auf jenen, der sich zu dieser Schandtat bereit fände und sich hinter die Tafel stellen ließe. Hier spekulierte unser Livius auf die Solidarität in der Klasse, eine pädagogische Haltung, die zweifellos anerkennenswert ist. Aber er rechnete nicht mit der Intelligenz der verwegenen Schüler. Denn schon bei der nächsten Lateinstunde geschah das Unfaßbare. Livius betrat die Klasse, erblickte die wiederum unter der Tafel hervorlugenden Füße, setzte sich an den Katheder und begann in das Klassenbuch einzuschreiben: Die 6.b benimmt sich lausbübisch, besonders der . . . , und jetzt benötigte er den Namen des Unglücklichen, der sich hinter die Tafel stellen ließ, und er befahl, die Tafel hochzuschieben, was auch bereitwillig geschah. Nun trat die große Wende ein. Livius erblickte niemanden hinter der Tafel, er sah nur ein Paar Schuhe, welche einem Schüler ausgezogen und unter die Tafel gestellt worden waren, um solcherart eine Wiederholung der sträflichen Untat vorzutäuschen. Livius legte die Füllfeder, mit der er die folgenschwere Eintragung machen wollte, zur Seite und begann zur Überraschung der Schüler laut und lang anhaltend zu lachen. Befreit fiel die ganze Klasse in dieses versöhnliche Gelächter ein. Von der Stunde an war Livius unser Freund, und wir waren seine mit vielen Gnadenbeweisen bedachten Schüler.

Ich weiß nicht, ob er diesen Streich im Konferenzzimmer seinen Kollegen erzählt hatte. Möglich wär's. Jedenfalls geht mein Gruß dorthin, wo Livius seinen verdienten Ruhestand genießt. Vielleicht freut er sich, sollte er diese Zeilen zu Gesicht bekommen. Ich gönne ihm diese Freude. Wir haben ihn gern gehabt. Vivat Livius, te salutamus!

Hart im Nehmen

Professoren mußten etwas vertragen können, das ist ihr Schicksal, damit sollten sie sich abfinden. Das konnten freilich nicht alle. Aber von einem war bekannt, daß er viel vertragen konnte, und zwar vermögens einer besonders dicken Haut.

Er unterrichtete in Deutsch und ward genannt: *Der Kniescheibnsepp.* Wie er zu diesem Namen kam, läßt sich nicht mehr so genau ermitteln. Möglicherweise verdankt der aus dem schönen Pongau kommende Alpler diesen Spitznamen seinen ausgeprägten, dank der kurzen Lederhose breit sichtbaren Kniescheiben, auf die er mit Recht stolz sein konnte. Weil er es vorzog, seine didaktischen Ergüsse auf der Tischplatte einer Schulbank sitzend vorzutragen, gerieten diese seine wohlgeformten Kniescheiben in das besondere Augenmerk der Schüler. Er war stets mit einer Lederhose bekleidet, im Sommer mit einer kurzen Hose, im Winter mit einer Kniehose. Ich kann mich nicht erinnern, ihn jemals anders *behost* gesehen zu haben.

Nun ist es nicht zu verwundern, daß jeweils der Schüler, der das Vergnügen hatte, mit dem respektablen und recht ansehnlichen Gesäß des *Kniescheibnsepp* auf der Schreibplatte seiner Schulbank beehrt zu werden, versucht war, den Herrn Professor von dort zu vertreiben, wollte man doch ungestört anderen Beschäftigungen nachgehen. Was tat man also? Man legte dem *Kniescheibensepp* Reißnägel unter den Hintern, schöne und widerstandsfähige Reißnägel. Wer aber nun glaubt, den Sepp damit vertrieben zu haben, der irrt. Die Lederhose und gewiß auch die darunter befindliche *dicke Haut* des Professors verhinderten ein Eindringen der Reißnägel und ein dadurch erreichtes Schmerzempfinden. Auch größere Reißnägel versagten, wie sich in der Folge herausstellte. Wenn dann am Schluß der Stunde der *Kniescheibnsepp* seine massive Gestalt erhob und sich in Richtung auf den Katheder abwendete, sprangen die Reißnägel, losgelöst von der Spannung des Leders, lustig und behende vom Hinterteil des Professors ab, ohne daß er jemals auch nur das geringste davon bemerkt hätte.

Na ja, man muß eben etwas vertragen können, wenn man es mit einer jederzeit zu Streichen aufgelegten Jugend zu tun hat.

*Schusi,
Kleisterschwein
und andere Typen*

Es wurde schon an anderer Stelle darüber geschrieben, daß den meisten Professoren von den Schülern Spitznamen gegeben wurden, vielfach verzärtelte Formen des Familiennamens. Darin äußerte sich zumeist der Grad der Beliebtheit der betreffenden Pädagogen.

Da gab es zum Beispiel am humanistischen Gymnasium, einer mit großem Respekt bedachten Schule, einen Geschichtsprofessor mit dem Namen Schuselka. Wenn man heute einen ehemaligen Absolventen dieser Anstalt nach diesem Lehrernamen fragte, erhielte man bestimmt keine befriedigende Antwort, man muß schon nach dem *Schusi* fragen, denn unter diesem Namen ist oder war er bei mehreren Generationen wohlbekannt. Schusi hatte die sprachliche Eigenart, den Endsilben eines Wortes ein l einzufügen. Er sagte also nicht *kommen, gehen, laufen,* sondern *kommeln, gehln,* und *laufeln.* Diese für ihn typische Aussprache ergab natürlich zahlreiche Anlässe herrlichster Freude und bot reichlichen Stoff für entsprechende Glossen in Maturazeitungen. Berühmt war seine stereotype Aufforderung am Beginn einer Unterrichtsstunde: „Kommeln Sie heraus und wischeln Sie die Tafel ab!" – Eine seiner seltenen Prüfungen an der Tafel verlief folgendermaßen: „Erzähleln Sie mir etwas über Kaiser Machimilian von Mechiko", und als der Schüler etwas von Erschießen stammelte, „Sonst wisseln Sie nichts? Setzeln Sie sich, nicht genügend!" Als noch zwei weitere Prüfungskandidaten die gleiche bescheidene Antwort gaben: „Sie, der Machimilian ist schon dreimal verrateln und viermal erschosseln worden, das gibt's nicht!"

Schusi erzählte auch gerne kleine Begebenheiten, die er beim Spazierengehen beobachtet hatte. „Da sah ich neulich einen Schüler im Mirabellgartel als Fremdlführer und hörte, wie ihn ein Fremdl fragt, was diese Figureln rund um den Springbrunneln bedeuten. Da sagte doch der Studentl, das seien alte Salzburger. Das war ganz falsch. Das ist der Raub der Sabinerinneln!"

Damals gab es an den Mittelschulen das Fach *Handarbeiten*. Man mußte basteln mit Pappe und Holz, fertigte Schachteln, Schreibunterlagen und Brieföffner an. Der Professor, der dieses Fach an den Mittelschulen unterrichtete, hieß Funke mit seinem bürgerlichen Namen und *Kleisterschwein* mit dem Spitznamen. Diesen gerade nicht sehr feinen

Der Autor seinerzeit bei einer Bankprüfung. Sein Nachbar sagt gekonnt ein
(„8.b/1940", Seite 173)

Die 8.b/1940 einen Tag vor der Matura . . .

. . . und 45 Jahre nach der Matura

Namen hatte er sich selbst zuzuschreiben, weil er ihn mit Vorliebe als Schimpfwort benutzte, wenn ein Schüler wieder einmal etwas verpatzte.

Nie vergessen werde ich den guten *Gschmacherl*. Er hieß eigentlich Gmachl, unterrichtete Latein und Griechisch, war von schmächtiger Gestalt und hatte eine leise und höchst angenehm klingende Stimme. Gschmacherl war die Gutmütigkeit in Person. Selten geschah in seiner Stunde ein Schabernack, vielleicht aus Mitleid mit seiner Zartheit oder weil ihn alle liebten. Er verstand es meisterhaft, die klassischen Texte mit gestenreichen Schilderungen verständlich zu machen, um den Schülern bei der Bankprüfung die Übersetzung zu erleichtern. Ich erinnere mich gerne, als Gschmacherl einmal eine Stelle aus der Aeneis von Vergil folgendermaßen schilderte: „Da war eine dichte Wolke, in der Dido verborgen war, dann teilte sich die Wolke, und herauskommt – der Schließelberger", das war nicht die Dido, sondern mein Banknachbar, der nun weiter übersetzen mußte.

Ja, da gab's dann noch den *Schraubs,* den *Schurli* und den *Little,* den *Bobby* und den *Animo* und gewiß noch viele andere ehrwürdige Pädagogen, die sich dieser gewissermaßen als Prädikate verliehenen Spitznamen zeitlebens erfreuten, woran sich viele heute noch gerne erinnern.

Nachhilfe in Latein, einmal anders

Nicht von den bei so vielen Schülern ach so notwendig gewordenen Nachhilfestunden und dem Einpauken der unregelmäßigen Verba soll hier die Rede sein, davon könnten die Betroffenen ein Lied singen, nein, diese Geschichte berichtet von einer anderen Art von Nachhilfe.

Professoren sind auch nur Menschen! Wer hätte das je bezweifelt. Und Menschen unterliegen bisweilen gewissen Schwächen, was diese Gattung eigentlich erst so richtig *menschlich* macht. Es gab einen Professor für Latein und Deutsch, sein Name bleibe verschwiegen, dessen Schwäche war der Alkohol. Er trank gerne einen, meist etwas über den Durst. Niemand nahm ihm das übel, schließlich kann ein Mensch in seiner Freizeit tun und lassen was ihm beliebt. Und unser Professor trank nur und ausschließlich in seiner Freizeit. Daß sich dieser Umstand bisweilen aber auch bis in die Mittagsstunden des nächsten Tages als schmerzliche Folgeerscheinung hinzog, stand auf einem anderen Blatt.

Nun wirkte sich diese Tatsache zumeist in einem enormen Schlafbedürfnis aus, was wiederum die Gestaltung des Unterrichts maßgeblich beeinflußte. Was tut man nun als Schüler, wenn der Herr Professor am Katheder sitzt, das Haupt auf die Arme gestützt, selig schläft? Man nützt diesen Umstand und kalkuliert ihn, kühl berechnend, in Aktionen besonderer Art ein.

Am Donnerstag ist Lateinschularbeit. Gelernt hat man nicht besonders viel, es ist unumgänglich, gewisse *Hilfen* heranzuziehen, um eine positive Note zu erzielen. Nun fanden sich einige ganz Gewitzte, die wußten, wann und wo der Herr Professor seinen Durst zu löschen pflegte. Sie pilgerten dorthin und verstanden es, eine Begegnung mit ihm zu arrangieren, um bei heiteren Gesprächen den Alkoholkonsum des Herrn Professors etwas anzuheben. Dies gelang mühelos, wobei die betreffenden *Versucher* selbst auch etwas büßen mußten. Und am nächsten Tag bei der Schularbeit zeigte sich der Erfolg solchen Tuns. Der Herr Professor war recht müde und ließ es an der bei Schularbeiten höchst störenden Aufmerksamkeit fehlen, indem er genüßlich und beharrlich am Katheder zu schlafen pflegte.

Es wurde eine gute Schularbeit geschrieben, so vermerkte der Chronist, und das tat auch not, denn ein zweites Mal konnte diese *Nachhilfe* nicht gewagt werden.

Meldestelle Papa Schwarz!

Keiner weiß, wie es begonnen hat. Es gab keine Verlautbarung, keinen Anschlag auf dem schwarzen Brett, keinen wie immer gearteten Aufruf, doch alle Absolventen der Realschule am Hanuschplatz wußten es: Wer während der Kriegsjahre auf Urlaub nach Salzburg kommt, besucht den Schulwart *Papa Schwarz* und trägt sich in das dort aufliegende *Urlaubsbuch* ein. Das war im wahrsten Sinn des Wortes ein ungeschriebenes Gesetz, an das sich alle hielten. Vier Urlaubsbücher zeugen davon, drei sind erhalten, das erste ist unauffindbar.

Ich weiß nicht, ob es in anderen Schulen auch eine derartige Einrichtung gegeben hat, die Meldestelle beim *Papa* bewährte sich jedenfalls in vielfacher Hinsicht. Nicht nur, daß es bei dieser Gelegenheit einen munteren Plausch mit dem vertrauten Schulwart und dessen Frau gab, meist verbunden mit einem guten Schluck oder einer zünftigen Jause, die Eintragung im Urlaubsbuch gab Kenntnis über den gegenwärtigen Aufenthalt der *Urlauber* und vermittelte auf diese Art das Zusammentreffen mit anderen Schulkameraden, die eben auch gerade zu dieser Zeit *Heimaturlaub* hatten. Viele heitere und unvergeßliche Zusammenkünfte sind so zustande gekommen, leider waren es auch oft die letzten Wiedersehensfeiern, denn viele von denen, die sich in die Urlaubsbücher eingetragen hatten, sind nicht mehr heimgekehrt. – Überhaupt sind diese Eintragungen ein Spiegel der Kriegsgeschichte, denn von den verschiedenen Kriegsschauplätzen wird da berichtet, immer aber ist die Freude am *Pflichtbesuch* beim *Papa* erkennbar. Mit den alten vertrauten Schlachtrufen und den bekannten Spitznamen wurden die Kameraden gegrüßt, wie einige Beispiele zeigen sollen:

*Den Kameraden
vom Maturajahrgang 1939/40 und
wer mich sonst noch kennt, infolge Wiederholung
einer Klasse, viele Grüße, und Hals- und
Beinbruch.*

*Gelegentlich der vorschriftsmäßigen Meldung
beim Papa Schwarz grüße ich die kampferprobten
Sieger in ungezählten Schwamm-, Kreide- und
Fetzenschlachten
. . . mit Ouwe, Ouwe!*

*Grüße alle Kameraden des
Maturajahrganges 1940.
Befinde mich augenblicklich im Reservelazarett I
in Salzburg . . . Euer Schurli.*

*Allen Kameraden des Maturajahrganges 1940
herzliche Grüße, Euer W., genannt „Tschierke"*

Nachdem dieser furchtbare Krieg zu Ende war, dienten die Meldestelle beim Papa Schwarz und die Urlaubsbücher zur Mitteilung über die geglückte Heimkehr und zur Aufforderung von Wiedersehensfeiern:

*Alles gut überstanden. Komme aus dem Süden.
Wann treffen wir uns im Sternbräu? Jg. 1937*

*Nach fünf Jahren im schönen Salzburg wieder
glücklich gelandet. Grüße alle Kameraden des
Maturajahrganges 1939 . . .*

*Wieder daheim! Kameraden der 8. a 1940 meldet
Euch bei . . .*

*Als Einbeiniger der Gefangenschaft glücklich
entronnen, grüße ich den lieben „Papa" und
alle Kameraden des Jahrganges 1942 . . .*

Es ist schon bemerkenswert, welch große Anziehungskraft diese alte Schule auf alle, die in ihrem Gemäuer einen Teil ihrer Jugend erleben durften, ausübte. War es die Tradition dieser Anstalt oder der Wandel, den diese Schule in den Zeiten zwischen 1919 und 1945 erleben mußte, war es die zentrale Lage in der damals noch recht kleinbürgerlichen Stadt, wer weiß es? Jedenfalls hat der allen unvergeßliche Schulwart, der gute alte *Papa Schwarz* und seine inoffizielle Meldestelle, einen großen Anteil daran. Da gibt es keinen Zweifel, die Urlaubsbücher legen beredtes Zeugnis davon ab!

8.b/1940

Diese Geschichte widme ich jener Schulklasse, der ich angehören durfte, und zu der ich mich jederzeit mit Freude und Dankbarkeit bekenne.
Es gibt ein Klassenbewußtsein, einen Klassenhaß ebenso wie Klassenkämpfe und eine Klassengemeinschaft. Und von dieser letzteren will ich erzählen. Sie hat gar nichts mit den soziologischen Begriff *Klasse* zu tun, obwohl es sich dabei auch um eine Art Gesellschaft handelt. Aber die Klasse, von der hier die Rede ist, stellt den Sammelbegriff für ein Klassenzimmer, eine Schulklasse dar.

Die Geschichte nimmt ihren Anfang in der dreißiger Jahren in dem großen grauen Haus am Realschulplatz. Genauso wie der Platz seinen Namen im Laufe der historischen Entwicklung mehrmals geändert hat – er hieß einmal Hans-Schemm-Platz, dann Hanuschplatz –, so wurde auch jenes bewußte Gebäude zuerst k.u.k. Oberrealschule, dann Bundesrealgymnasium, später einmal Oberschule für Jungen und schließlich wieder schlicht Bundesrealgymnasium benannt. Immer aber, jedem Wandel trotzend, blieb die Schule für viele Generationen schicksalsschwanger und reich an Erlebnissen vielfältiger Art. Heute ziert ein protziger Neubau jenen Platz, von dem die Schule weichen mußte.

Im März des Jahres 1940 – in Europa tobte schon der Krieg – verließ ein Häuflein hoffnungsvoller Jünglinge mit dem Reifezeugnis in der Tasche dieses Haus, das acht Jahre lang, für manche sogar neun Jahre, ein Tempel der unbeschwerten Freude und der aufkeimenden Weisheit war. Nun, das geschah ja jedes Jahr und passiert auch heute noch, das bedürfe also keiner besonderen Erwähnung. Doch diese 8.b – so hieß die Klasse aktenkundlich – entwickelte sich etwas anders als es sonst üblich ist. Es gibt diese Klasse, recte diese Klassengemeinschaft, nämlich noch heute. Jawohl, heute, nach 45 Jahren, besteht die 8.b ungebrochen in Wort und Tat, etwas gelichtet und natürlich gealtert, aber immer noch jung im Herzen, als eine aktive Gemeinschaft würdiger Herren.

Und das kam so: Gewiß waren es die stürmischen Jahre 1936, 1937 und schließlich 1938, die mit ihren historischen Ereignissen deutliche Impulse in das Denken und Fühlen aufgeschlossener junger Menschen gaben. Die politische Bewegung dieser bedeutsamen Jahre machte nicht halt vor den damals 15- bis 17jährigen, sie schuf, wie überall, auch dort verschiedene Auffassungen, differenzierte Emotionen. Aber sie vermochte trotz deutlicher Spaltung in ein großes und ein kleines Lager die Gemeinschaft nicht zu zerstören. Intrigen, Verrat, Prügeleien oder gar Denunzierungen gab es nicht. Sicher wurde da der erste Samen für die keimende Gemeinschaft gelegt. Nein, es gab keinen Haß. Eher das Gegenteil. Die zeitbedingt mächtigere Gruppe schützte die schwächere kleine Schar, die sich ihrerseits nach 1945 gerne und bereitwillig revanchierte, wenn es galt, Unrecht und Verfolgung zu verhindern. So konnte kein Groll wachsen in den Herzen, und heute, nach so vielen Jahren der Erkenntnis und Erfahrung, begleitet ein verstehendes Lächeln die Erinnerung an jene wildbewegte Zeit.

Es ist offensichtlich, daß in dieser Klasse ein Geist der Zusammengehörigkeit gewachsen ist, wohl gefördert durch sorgsam geplante und exakt durchgeführte Aktionen im Kampf gegen die Härte und Eintönigkeit des Schulbetriebes, gewiß aber auch ermöglicht durch das gänzliche Fehlen von Strebern, Außenseitern und Kriechern.

Auch während des Krieges hatte die Gemeinschaft Bestand. Wer auf Urlaub war daheim, erkundigte sich beim damaligen Schulwart, dem unvergeßlichen Papa Schwarz, nach anderen Urlaubern, und man fand sich eben wieder zusammen, nicht um zu prahlen mit tollen Kriegserlebnissen, sondern einfach, um sich zu freuen am Wiedersehen mit Klassenkameraden. Als dann der Krieg vorbei war, begann das große Suchen und Fragen. Wer ist heimgekommen, wer ist vermißt, wer ist gefallen? Von 37 Maturanten sind zwölf gefallen und drei vermißt. Eine fürchterliche Bilanz, aber auch ein starkes Motiv, beieinander zu bleiben. Und schon fünf Jahre nach Kriegsende gab es das erste große Maturatreffen, und von da an trafen sich die Herren der 8.b/1940 jedes Jahr regelmäßig zu einem Meeting in irgendeinem Gasthaus der Stadt. Gewiß bedurfte es der Initiative einiger weniger, die zu den jeweiligen Treffen einluden, das Lokal aussuchten und ein wenig Vorarbeit leisteten. Aber immer kamen viele, und sie kamen gerne und blieben lange und freuten sich beim Abschied schon auf das nächste Treffen. Die Adressenliste der 8.b zählte zehn Jahre nach der Matura 25 Namen, denn in die Gemeinschaft wurden alle eingeschlossen, die nach 1938 von anderen Schulen und Klassen, aus anderen Bundesländern und aus Deutschland kamen. Leider sind seit Kriegsende sechs Klassenkameraden gestorben. Somit ist es eine Gesellschaft von 14 bis 17 Herren geworden, die sich alljährlich bei den Meetings einfindet und alle fünf Jahre ein Maturajubiläum groß feiert. Gewiß ist für den Bestand der Gemeinschaft die Tatsache fördernd, daß die meisten Klassenkameraden in Salzburg ansässig sind. Es melden sich aber zu den Treffen immer die *Auswärtigen* schriftlich oder telefonisch mit Grüßen an die Kameraden. Aber sie kommen auch, wenn es die berufliche Tätigkeit erlaubt, aus Wien, Graz, Vorarlberg, Kärnten, der Schweiz und der Bundesrepublik, ja sogar aus den USA.

Und wie verlaufen diese Meetings? Da werden Erinnerungen aufgefrischt, da wird eine direkte Gerade gezogen von damals zu heute. Da gibt jeder seinen Titel, den Rang und die Würde zusammen mit Hut und Mantel in der Garderobe ab und ist froh, wieder der Sepp und der Franz sein zu dürfen, den Hans und den Karl zu treffen und die Freiheit von beruflichem Zwang und familiärer Bindung zu genießen. Diese Abende sind Herrenabende, versteht sich, da werden aber nicht nur Witze erzählt, da werden Ideen geboren und deren Realisierung geplant und beschlossen. Die Patenschaft über eine 25 Jahre jüngere Schulklasse war so eine Aktion, die den Alten und den Jungen viel Freude und Verständnis füreinander gebracht hatte. Da werden aber auch gemeinsame Reisen unternommen. Die 40-Jahr-Feier der Matura fand in Warschau statt, und im Mai 1983 besuchten elf Herren der 8.b die Metropole Moskau. Die 45-Jahr-Feier wurde gemeinsam mit den Frauen in Jalta gefeiert. Weitere Reisen sind geplant, möglichst in Gegenden, wo noch keiner gewesen ist. Natürlich sollen es nicht zu anstrengende Fahrten sein, denn die meisten sind Großväter und Pensionisten und als solche natürlich auch schon mit kleinen Wehwehchen belastet. Aber mögen sie 64 oder 66 sein, im Herzen sind sie jung geblieben, wenn sie beieinander sind und sich als das fühlen, was sie vor 45 Jahren geworden sind, die 8. b/1940.